A medicina entre a VIDA e a UTOPIA

A medicina entre a VIDA e a UTOPIA

ao compasso da ética da responsabilidade de Hans Jonas

Pedro de Azevedo Nunes

alameda

Edição: Joana Monteleone e Haroldo Ceravolo Sereza
Projeto gráfico, diagramação e capa: Ana Júlia Ribeiro
Edição: Joana Monteleone/Haroldo Ceravolo Sereza
Assistente acadêmica: Tamara Santos
Revisão: Alexandra Colontini
Imagem capa: Hans Jonas durante fala na Universidade de St. Gallen, em 13 de fevereiro de 1983. Foto: Regina Kühne | HSGH 022/001945

CIP-BRASIL. CATALOGAÇÃO NA PUBLICAÇÃO
SINDICATO NACIONAL DOS EDITORES DE LIVROS, RJ

N927m

Nunes, Pedro de Azevedo
A medicina entre a vida e a utopia : ao compasso da ética da responsabilidade de Hans Jonas / Pedro de Azevedo Nunes. - 1. ed. - São Paulo : Alameda, 2025.
200 p. ; 21 cm.

Inclui bibliografia e índice
ISBN 9786559662845

1. Ética - Filosofia. 2. Medicina - Filosofia. I. Título.

25-96850.0 CDD: 174.2
CDU: 614.253

Gabriela Faray Ferreira Lopes - Bibliotecária - CRB-7/6643

ALAMEDA CASA EDITORIAL
Rua 13 de Maio, 353 – Bela Vista
CEP 01327-000 – São Paulo, SP
Tel. (11) 3012-2403
www.alamedaeditorial.com.br

A Daniela, Sophia e Bruno,
meus companheiros de vida.

Sumário

PARTE III – A UTOPIA TECNOLÓGICA

Introdução

Os desenvolvimentos da ciência e da técnica biomédica transformaram o exercício profissional da medicina, sobretudo a partir do último terço do século XX. A transformação trouxe ao cotidiano de médicos e de pacientes conflitos que desafiam a ética médica tradicional hipocrática, tanto no contexto da assistência quanto da pesquisa biomédica.[1]

A intensificação dos conflitos motivou, no final da década de 1960, o nascimento da *bioética* enquanto disciplina independente.[2]

1 BEAUCHAMP, Tom; CHILDRESS, James. *Principles of biomedical ethics*. New York: Oxford University Press, 2019.

2 Considera-se que o termo bioética (*bioethics*) tenha sido empregado inicialmente por Van Rensselaer Potter em seu artigo Bioetics: The Science of Survival, em 1970. Contudo, a "fundação" da bioética por Potter deve ser relativizada em dois sentidos. Primeiramente, no aspecto temporal: em 1927, Fritz Jahr, filósofo e pastor protestante alemão, já empregara a palavra bioética em seus ensaios. Em segundo lugar, e mais significativamente, quanto ao direcionamento pretendido para a "nova" disciplina, Potter vislumbrava interesses para a bioética muito mais amplos do que a ética médica, almejando a integração entre ciências biológicas e humanidades, constituindo-se uma ética que

A "nova" disciplina rapidamente se organizou teórica e institucionalmente, principalmente nos Estados Unidos. Andre Hellegers, Daniel Callahan, Paul Ramsey, James Gustafson, Tom Beauchamp, James Childress, dentre outros, são alguns dos primeiros pensadores da bioética contemporânea, aglutinados em instituições como o Hastings Center e o Kennedy Institute of Ethics.[3]

A obra *Principles of Biomedical Ethics,*[4] de Beauchamp e Childress, tornou-se o texto de referência para o pensamento bioético, tendo como proposta central a fundamentação bioética baseada em quatro princípios cardinais: autonomia, não maleficência, beneficência e justiça. A influência do pensamento bioético norte-americano foi marcante, disseminando-se mundialmente. Comitês de Ética, inspirados no principialismo de Beauchamp e Childress, tornaram-se obrigatórios e onipresentes em hospitais e instituições de pesquisa e do ensino biomédico.

No Brasil, segundo dados de junho de 2021, estão ativos 864 Comitês de Ética em Pesquisa (CEP), nos quais atuam cerca de 14 mil profissionais. No que se refere às atividades assistenciais, resoluções do Conselho Federal de Medicina estabelecem a obrigatoriedade da existência de Comissões de Ética Médica em todos os estabelecimentos de assistência à saúde.[5]

Contudo, apesar de todo esse aparato teórico, jurídico e institucional, persiste o registro de descontentamento de médicos e de pacientes com a prática da medicina contemporânea. Nas palavras

---

abarcasse a totalidade da comunidade biótica. GARCIA, Diego. Prefácio. In SGANZERLA, Anor; ZANELLA, Diego Carlos (organizadores). *A bioética de V. R. Potter*: 50 anos depois. Curitiba: PUCPRESS, 2020.

3 *Ibidem.*

4 BEAUCHAMP, Tom; CHILDRESS, James. *Principles of Biomedical Ethics.*

5 DIÁRIO OFICIAL DA UNIÃO. Brasília, Seção 1, n. 216, 10 nov. 2016, p. 566.

de três renomados intelectuais da bioética contemporânea, Peter Singer, Edmund Pellegrino e Mark Siegler, no que diz respeito à relação médico-paciente – o principal foco de interesse da bioética contemporânea, a situação está em pior forma do que quando a disciplina principiou.[6]

As tensões instaladas no contexto da técnica biomédica moderna não dão sinais de arrefecimento. As vozes de pacientes e de médicos se fazem ouvir em iniciativas globais, tais como os movimentos *Slow Medicine*, *Choosing Wisely* e *The Patient Revolution*, todos denunciando a má qualidade do cuidado à saúde associado à incorporação pouco crítica da tecnologia moderna à medicina. Leia-se, a título de exemplo, o texto que foi localizado na página brasileira do site *Slow Medicine*:

> Os médicos sentem-se desconfortáveis e frustrados pela qualidade de seu trabalho, com a permanente sensação de que o controle de sua atividade lhes escapa. O paciente sente-se como um joguete nas mãos de uma imensa máquina que kafkianamente o consome, não resolve seu problema e eventualmente o agrava. O uso inapropriado da tecnologia, com os exames complementares e procedimentos de alta complexidade toma a frente na atenção médica, gerando a conhecida situação descrita no ditado: "a carroça na frente dos bois". Na prática médica cotidiana observamos frequentemente esta situação. Trata-se de uma cultura enraizada nos nossos dias: o paciente troca breves palavras com o médico e lhe entrega um enorme fardo de exames.[7]

Sobressai no manifesto acima a experiência de submissão a um poder externo à relação médico-paciente. Poder que oprime "kafkia-

6 ROCHA, Antonio Casado da. Back to basics in bioethics: reconciling patient autonomy with physician responsibility. *Philosophy Compass*. Boston, v. 4, 2009.

7 BIROLINI, Dario. Conceito. *Slow Medicine BR*. Disponível em: https://www.slowmedicine.com.br/conceito/.

namente" o médico – comprometendo sua realização profissional – e também ao paciente, limitando a beneficência ("não resolve seu problema") bem como a não maleficência ("e eventualmente o agrava") do cuidado. Mas de que poder falamos? Muitos elementos apontam para o poder mediado pela tecnologia. Afinal, a demanda por uma "nova ética médica" coincidiu temporalmente com a efetiva penetração da tecnologia moderna na prática médica.

A consolidação da terapia antimicrobiana, o desenvolvimento dos suportes vitais artificiais (ventiladores mecânicos, diálise) e dos transplantes de órgãos – inovações da tecnologia biomédica ocorridas na última metade do século XX – apresentaram senso de urgência à reforma ética. Não é possível, também, ignorar a pressão exercida pela indignação diante dos atrozes "experimentos" com seres humanos, como os realizados pelo nacional-socialismo alemão ou mesmo pelo serviço de saúde dos Estados Unidos, como exemplifica o estudo de Tuskegee sobre a sífilis não tratada.[8]

Desde então, as inovações da tecnologia biomédica prosseguiram em velocidade crescente: avanços em teoria e intervenção genética, técnicas de assistência reprodutiva, ações voltadas não apenas à reparação e cura, mas também ao aprimoramento (físico, estético, cognitivo, comportamental).

Foram inegáveis os ganhos quanto à redução da mortalidade prematura e consequente aumento da longevidade, embora, muitas vezes, à custa de incapacidade e dependência. Contudo, os desfechos

---

8 O estudo da sífilis não tratada foi conduzido pelo Serviço Público de Saúde dos Estados Unidos, no período de 1932 a 1972, na cidade de Tuskegee, Alabama. Nesse "estudo", pacientes portadores de sífilis foram acompanhados sem tratamento específico, embora a penicilina já fosse sabidamente eficaz conta a doença desde 1943. Os pacientes ignoravam tanto o próprio diagnóstico, quanto a participação no estudo. O experimento foi interrompido apenas após a denúncia à imprensa por um funcionário do serviço público americano.

quantitativos, por mais favoráveis que sejam, não têm impedido o descontentamento dos pacientes e médicos com o cuidado:

> Voltamo-nos contra o status quo. Contra a ideia de cuidado à saúde como indústria. Contra sistemas de saúde que priorizam eficiência e lucro em detrimento de tudo o mais. Contra atendimentos corrompidos pela necessidade de registro e cobrança. Contra a ganância. Nossa revolução discorda de que tudo isso esteja bem. Nós podemos mais.[9]

Apesar da ênfase à crítica do mercado da saúde, os termos "indústria" e "atendimentos corrompidos pela necessidade de registro" (pela tecnologia da informação) aludem novamente à tecnologia.

No que concerne aos profissionais de saúde, tem-se observado a correlação entre uso da tecnologia da informação nas atividades assistenciais e o maior risco de Síndrome de *Burnout.*[10] A referida síndrome se caracteriza por sentimentos de baixa realização profissional, de exaustão emocional e desumanização da assistência, acarretando má qualidade do cuidado e sofrimento para o profissional, na forma de depressão, abuso de drogas e suicídio.[11]

---

9 "We stand against the status quo. Against the idea of healthcare as an industry. Against healthcare systems that prioritize efficiency and revenue over everything else. Against encounters corrupted by the need to document and bill". Against greed. Our revolution challenges this as the best we can do. We can do better. Extraído do site da organização *The Patient Revolution*, iniciativa de pacientes e de profissionais da saúde em Baltimore, EUA.

10 STEHMAN, Christine; TEXTO, Zachary; GERSHAW, Rachel; KELLOGG, Adam. Burnout, dropout, suicide: Physician loss in emergency medicine, part I. *West J Emerg Med*, v. 20, n. 3, 2019.

11 DYRBYE, Liselotte; SHANAFELT, Tait; JOHNSON, Pamela; JOHNSON, Le Ann; SALETE, Daniel; WEST, Colin. A cross-sectional study exploring the relationship between burnout, absenteeism and job performance among American nurses. *BMC Nurs*. Londres, v. 18, 2019, p. 57.

A situação se configura ainda mais complexa por suas dimensões socioeconômicas: o custo dos cuidados à saúde aumenta em um ritmo que supera o crescimento da economia mundial. Assim, um relatório da Organização Mundial da Saúde, relativo ao período 2000-2017, mostrou um crescimento médio anual de 3,9% dos gastos com assistência à saúde, enquanto a economia mundial cresceu anualmente apenas 3,0% no mesmo período.[12] Portanto, desde os últimos 30 anos do século XX, o panorama dos cuidados à saúde tem sido de acentuada incorporação tecnológica e ganhos de longevidade, porém, aliada à insatisfação dos profissionais e dos pacientes, bem como aos custos econômicos crescentes.

Mas como a tecnologia participa desse cenário? Há elementos próprios à ação humana mediada pela técnica, e que impactam negativamente a missão do cuidado? Como o agir tecnológico pode distorcer a milenar relação entre médico e paciente, dedicada à prevenção e mitigação do adoecer?

Tais respostas exigirão uma compreensão abrangente da tecnologia, das peculiaridades das ações humanas mediadas por ela, dos seus pressupostos éticos e metafísicos. Interessam aqui, particularmente, os impactos do agir tecnológico que mais concernem à medicina e à vida humana.

Julgamos ser a filosofia de Hans Jonas (1903-1993) especialmente qualificada para guiar a percepção sobre os impactos do agir tecnológico na medicina. Jonas vivenciou o lado destrutivo da tecnologia durante a Segunda Grande Guerra, culminando com o uso inédito das armas nucleares. Esteve no *front* ao lado de uma brigada do Exército Britânico, e a mãe dele pereceu em um campo de con-

---

12 WORLD HEALTH ORGANIZATION. *Global spending on health:* a world in transition. Geneva: World Health Organization, 2019.

centração nazista. Não à toa, a Segunda Guerra Mundial marcaria um momento de inflexão de sua filosofia.

Até então, a produção filosófica de Jonas, que fora aluno de Martin Heidegger, Edmund Husserl e Rudolf Bultmann, se concentrara no estudo da *gnose*, fenômeno místico-filosófico dos princípios da Era Cristã. Tais estudos lhe dariam subsídios para compreender o niilismo contemporâneo e o dualismo metafísico, conceitos que permeariam sua filosofia, iluminando o entendimento da modernidade e do fenômeno tecnológico.

Os anos de guerra marcaram uma transição no pensamento jonasiano, rumo a uma filosofia própria e madura. Ainda a partir do campo de batalha, Jonas escreveu cartas à esposa, Lore, nas quais introduzia os conceitos da sua *biologia filosófica*, a qual foi desenvolvida na coletânea de ensaios publicada em 1966, intitulada *The Phenomenon of Life: toward a philosophical biology* (em português com o título de *Princípio vida*, em 2004). Esta obra contém uma abrangente ontologia da vida, abarca os modos de ser próprios aos organismos e aponta as incompreensões e violências que a técnica moderna, apoiada em uma ontologia materialista, comete contra aqueles modos de ser orgânicos.

A biologia filosófica é o solo do qual frutificaria a teoria ética de Jonas, organizada na obra que o tornou célebre, *Das prinzip verantwortung*, publicada em 1979 (em português, *O princípio responsabilidade*, em 2004) e que contém um estudo pormenorizado das peculiaridades do agir humano no contexto tecnológico.

Fundamentado no reconhecimento de tais peculiaridades, Jonas aponta a necessidade de uma nova ética, que complemente/ou supere as éticas "tradicionais". Dessas, em especial a kantiana, julgadas por Jonas como insuficientes, porquanto despreparadas para o alcance temporal, espacial e ontológico do agir tecnológico do tempo presente.

Contudo, não existiria um panorama completo da filosofia jonasiana, e talvez sua obra não fosse tão próxima à medicina, caso fosse omitido o período de sua vida compreendido entre a publicação de *The Phenomenon of Life* (1966) e *Das prinzip verantwortung* (1979).

No referido intervalo, Jonas aproximou-se do debate ético relativo à medicina. Em 1967, ministrou a conferência *Reflexões filosóficas sobre os experimentos com sujeitos humanos*, a convite da *American Academy of Arts and Sciences.*[13] O próprio Jonas afirmou, em suas *Memórias,* que essa palestra lhe conferiu "inesperada fama pública" e ocorrera, coincidentemente, poucos meses depois da instalação de uma comissão científica da *Harvard Medical School* visando à redefinição do conceito de morte, instituindo a noção de *morte encefálica.*

Jonas mostrou-se bastante crítico a essa revisão do conceito de *morte,* e tais críticas motivaram o ensaio intitulado *Against the stream,* publicado inicialmente em 1974, o qual não foi bem recebido pela comunidade médica daquele momento. Então, a convite do médico especialista em transplante renal Samuel Kountz, ele acompanhou, presencialmente, as rotinas do Centro Médico da Universidade da Califórnia, havendo, inclusive, assistido a algumas cirurgias.

O engajamento de Jonas no debate ético em medicina (numa época em que a bioética sequer existia como disciplina autônoma)

---

13 A referida conferência inspirou ensaio homônimo que esteve entre as referências dos bioeticistas norte-americanos participantes da National Comission for the Protection of Human Subjects of Biomedical and Behavioral Research, em 1978, e que culminou na elaboração do Relatório Belmont, resposta do governo americano ao escândalo de Tuskegee. Informação citada em RODRÍGUEZ, Francisco Quesada. *La bioética de la responsabilidade según Hans Jonas.* Madrid: Universidad Pontificia Comillas, 2018, p. 190.

levou-o a tornar-se um dos membros fundadores do *Hastings Center,* instituição prestigiada no campo da Bioética.

A posição privilegiada da medicina para apreensão das especificidades do agir tecnológico e para a aplicação da ética proposta por Jonas em *O princípio responsabilidade* foi reconhecida pelo filósofo no prefácio de sua obra *Technik, Medizin und Ethik,* publicada em 1983 (*Técnica, medicina e ética,* em português, em 2013):

> O princípio responsabilidade (1979) prometia uma parte aplicada na qual se ilustraria com exemplos selecionados o novo tipo de questões e obrigações éticas que a caixa de Pandora da tecnologia nos presenteia junto com seus dons e na qual, na medida do possível, se facilitaria a forma de responder corretamente a elas. Esse passo do geral para o particular e da teoria para as proximidades da prática é o que se intenta dar nos artigos reunidos aqui. Pretendem, portanto, começar com a "casuística", cujo inexplorado território da responsabilidade tecnológica exige ainda mais do que a moral e o direito em geral pedem no terreno já conhecido. Desde que extremo do amplo espectro tecnológico se pode propor um começo assim? Sem dúvida, o melhor será fazê-lo a partir daquilo que é mais próximo a nós, ali onde a técnica tem por objeto o próprio homem e onde o conhecimento de nós mesmos [...] tem uma responsabilidade direta, ou seja: no âmbito da biologia humana e da medicina.[14]

Nesse trecho, Jonas indica algumas das posições que defendeu minuciosamente em *O princípio responsabilidade:* os efeitos do agir tecnológico são desafios para os quais a moral e o direito já conhecidos não prepararam as pessoas. A vida, mais especificamente a vida *humana,* constitui, no pensamento jonasiano, o ponto de partida para a construção da ética demandada pela civilização tecnológica.

---

14 JONAS, Hans. *Técnica, medicina e ética:* sobre a prática do princípio responsabilidade. São Paulo: Editora Paulus, 2013, p. 19.

Depreende-se de tal noção a importância da medicina para a ética jonasiana o que Tomás Domingo Moratalla deixa claro, ao escrever: a ética médica (a medicina) é o âmbito mais característico da prática do princípio responsabilidade.[15] Assim, em *Técnica, medicina e ética*, Jonas se dedicou ao debate de temas que têm estado no coração da bioética contemporânea: eutanásia, prolongamento artificial da vida, experimentos com seres humanos, técnicas de manipulação genética e reprodutiva, dentre outros.

Pelo dito, a filosofia jonasiana torna-se ferramenta útil para a compreensão dos impactos da tecnologia sobre a prática médica e, nesse sentido, oferece um paradigma teórico que enriquece a bioética no que se refere a reconhecer e indicar caminhos para a superação dos impasses éticos da medicina contemporânea.

O objetivo principal desta pesquisa foi mostrar como a filosofia jonasiana pode preencher as lacunas deixadas pela bioética principialista, fundando um modelo de responsabilidade médica mais apropriado às demandas éticas da medicina tecnológica. Tal objetivo será alcançado através de um percurso argumentativo constituído pelos seguintes objetivos secundários:

1. Explicitar as singularidades da técnica moderna quanto à sua dinâmica interna e ao alcance temporal, espacial e ontológico dos seus efeitos, com ênfase na tecnologia biomédica;
2. Mostrar como a ética da responsabilidade jonasiana contempla as demandas do agir tecnológico, especialmente da medicina;

15 MORATALLA, Tomás Domingo. Medicina. In: OLIVEIRA, Jelson; POMMIER, Eric. *Vocabulário Hans Jonas*. Caxias do Sul: Educs, 2019.

3. Explanar os pressupostos metafísicos da técnica moderna e apontar como são incompatíveis com os modos de ser da vida autêntica, como ilustram os impasses da medicina contemporânea;
4. Destacar o niilismo e a utopia como elementos constitutivos da técnica moderna, e expor de que modo eles participam dos conflitos éticos da medicina contemporânea.

Este livro foi organizado da seguinte forma:

Parte I – O agir humano na civilização tecnológica

Capítulo 1 – "A dinâmica e alcance espaço-temporal e ontológico peculiares da tecnologia moderna": tratará dos aspectos da técnica moderna que a distinguem das técnicas pré-modernas, ressaltando aqueles que mais modificam a natureza do agir humano no contexto da medicina.

Capítulo 2 – "A demanda por uma nova ética: a proposta jonasiana": explicitará as insuficiências que Jonas indica nas éticas aristotélica e kantiana no contexto da civilização tecnológica e introduzirá o conceito jonasiano de responsabilidade, sinalizando como ele pode se relacionar à responsabilidade médica.

Parte II – As bases metafísicas da ética jonasiana

Capítulo 3 – "A necessidade de uma teoria metafísica – Doutrinas do Ser e do Valor": indicará a natureza ontológica da fundamentação da ética de Jonas.

Capítulo 4 – "O obstáculo metafísico à ética jonasiana: o materialismo [pós-dualista]": explicitará a metafísica materialista e indicará sua incompatibilidade com a ontologia da vida.

Capítulo 5 – "O niilismo como percurso da ontologia à ética": enfocará a compreensão jonasiana do niilismo e seu papel como conceito articulador entre ontologia e ética; apontará elementos niilistas na relação médico-paciente contemporânea.

Parte III – A utopia tecnológica

Capítulo 6 – "A crítica jonasiana da utopia": especificará o elemento utópico encontrado por Jonas na tecnologia; ilustrará, por meio da crítica jonasiana ao marxismo, o procedimento heurístico mobilizador do sentimento de responsabilidade.

Capítulo 7 – "Utopia tecnológica e medicina – tensões e respostas à luz do pensamento de Hans Jonas": traçará um panorama mais abrangente dos efeitos da utopia tecnológica sobre a medicina contemporânea. Adicionalmente, abordará a bioética principialista, apontando alguns de seus méritos e insuficiências, mostrando como podem ser superados pela ética da responsabilidade de Jonas. Finalmente, será analisado o movimento *Slow medicine,* ressaltando a similaridade entre seus pressupostos e aqueles da ética jonasiana.

PARTE I –
O AGIR HUMANO NA CIVILIZAÇÃO TECNOLÓGICA

A dinâmica e o alcance espaço-temporal e ontológico peculiares da tecnologia moderna

Ser humano e técnica são inseparáveis, coexistentes, caso defina-se técnica como "*grosso modo* [...] o uso de ferramentas e dispositivos artificiais para o negócio da vida, junto com sua invenção originária, fabricação repetitiva, contínua melhora e ocasionalmente também adição ao arsenal existente".[1] Porém, Jonas entende haver uma técnica especificamente *moderna,* a qual considera-se sinônimo de *tecnologia,* e que apresenta particularidades não englobadas pela "definição" acima.

Um diferencial da técnica moderna é a velocidade de seu desenvolvimento. Opostamente, o ritmo de transformações do uso de materiais e de instrumentos foi extremamente lento até a Era Moderna. As chamadas "revoluções técnicas" pré-modernas, tais como a agrícola e metalúrgica, por exemplo, ocorreram de forma extremamente gradual e não planejada. Apenas ao olhar da retrospectiva histórica mereceram a alcunha de "revoluções":

---

1 JONAS, Hans. *Técnica, medicina e ética:* sobre a prática do princípio responsabilidade. São Paulo: Paulus, 2013, p. 27.

> É verdade que se produziram revoluções, mais por casualidade do que por intenção. A revolução agrícola [...], a metalúrgica [...] "ocorreram", por assim dizer, pois não foram organizados conscientemente e seu ritmo foi tão lento que só na contração temporal da retrospectiva histórica ganharam o aspecto de "revoluções".[2]

Tal "lentidão", em larga medida, foi consequência de ser a técnica pré-moderna alinhada às necessidades humanas. Havia uma tendência a um "equilíbrio reciprocamente adequado, estático, entre fins reconhecidos e meios apropriados".[3] Não estava ainda presente a noção de *progresso*, de uma marcha transformadora (e melhoradora) inexorável tal como sucede à técnica moderna.

No contexto pré-moderno, a ciência e a técnica eram dissociadas: a primeira permanecia interessada nos objetos perfeitos e eternos, e a segunda voltava-se às demandas práticas cotidianas. Como será visualizado, na modernidade a ciência passa a se vincular ao método experimental, e o limiar entre teoria e prática se esvai. Doravante a técnica receberá seu estímulo não apenas das necessidades humanas imediatas, mas também da inquietude e do contínuo duvidar próprios à ciência moderna, materializados na incessante aplicação do método experimental.

A medicina, enquanto técnica, permaneceu efetivamente pré-moderna até o princípio do século XX. Mesmo os progressos nas ciências biológicas, na bioquímica, na fisiologia e na anatomia patológica, em curso desde o século XVII,[4] pouco influenciaram os resultados

---

2 *Ibidem*, p. 27.

3 *Ibidem*, p. 15.

4 Em verdade, muitos dos primeiros avanços da fisiologia, tais como a descoberta da circulação sanguínea por William Harvey, foram produto de uma ciência ainda aristotélica e não do método experimental moderno. A esse respeito, consultar REBOLLO,

efetivamente entregues (ou seja, as possibilidades de *cura,* o grande *telos* da medicina tradicional) aos pacientes até o desenvolvimento da microbiologia, no final do século XIX; e, mais conspicuamente, após a evolução de antimicrobianos eficazes, na década de 1940.

Portanto, embora a *ciência* médica já estivesse se tornado "moderna" desde o século XVIII, quando homens, tais como Bichat, Pinel, Laënnec, dentre outros, unificaram prática clínica e anatomia patológica, isso a princípio pouco interferiu na *prática médica* de então. Fedrik Svenaeus, fenomenólogo da saúde e da medicina, a esse respeito escreve:

> Bichat, Pinnel, Louis, Laënnec – todos eles compartilhavam a convicção da importância da correlação entre observação clínica e dissecção *post-mortem.* O corpo do paciente era visto como um espaço funcional que abrigava a doença. A função corporal, situada em órgãos e tecidos (e posteriormente em células e moléculas) [...] podia ser estudada através da observação, palpação e auscultação do corpo vivo [...] e através da dissecção do cadáver imediatamente após a morte. [...] Quais consequências esse novo enfoque à doença trouxe ao paciente, e como ele alterou a natureza da relação médico-paciente? [...] as atividades da clínica moderna tiveram um impacto relativamente lento na prática dos médicos individuais [...]. [Havia] resistência dos médicos mais experientes em abandonar suas antigas práticas, baseadas em teorias médicas pré-modernas [...]. *Uma vez que a abordagem moderna da doença não trouxe nenhum efeito curativo* até o desenvolvimento da microbiologia na década de 1880 [...] ou mesmo até o sucesso dos antibióticos nas décadas de 1930 e 1940, não é difícil entender o ceticismo desses médicos conservadores.

ANDRÉS, Regina. *William Harvey e a descoberta da circulação do sangue.* São Paulo: Editora Unesp, 2013.

Assim, a medicina foi por séculos uma técnica estável, equilibrada em seu ponto arquimediano da *cura*, alheia à noção de *progresso* que já vicejava na física, na engenharia e até mesmo nas ciências biológicas.

A noção de cura é central à medicina pré-moderna. Curar é restituir um estado *natural*, o estado de "saúde". Jonas enfatiza que a saúde é "definida pela natureza. Nada há que se inventar, exceto os métodos para se alcançar tal objetivo".[5] O paradigma da cura afastava o médico do melhorismo, da inovação enquanto valor em si:

> A função do médico [segundo o pensamento hipocrático] deveria ser de auxiliar a natureza, mas também de intérprete de seus desígnios, não insistindo com tratamentos além do possível. Sua força deveria recolher-se quando a missão de manter alguém vivo constituía-se numa tarefa inglória (ortotanásia). Conformar-se com o inevitável fazia parte da sabedoria médica.[6]

Outro pensador, Ernst Bloch, nos fala do caráter conservador do médico. "O médico [...] não se dispõe à eminente função de ser um melhorador [...], o próprio alvo em geral permanece estacionário na consciência da maioria dos médicos: a saber, a restauração do *statu quo ante*".[7]

Opostamente, a técnica moderna traz consigo a ideia de *progresso*, entendida num sentido muito peculiar. O progresso é intrínseco à ciência e à técnica modernas, não uma propriedade acidental delas. Enquanto a técnica pré-moderna tendia ao equilíbrio entre fins e os

5 JONAS, Hans. *Técnica, medicina e ética*. p. 156.

6 GOTTSCHALL, Carlos Antonio Mascia. *Medicina hipocrática:* antes, durante e depois. Porto Alegre: Stampa, 2007, p. 36.

7 BLOCH, Ernst. *O princípio esperança*. Trad. de Nélio Schneider. v. I, II, III. Rio de Janeiro: EdUERJ/Contraponto, 2005, p. 1.

meios necessários para alcançá-los, no contexto moderno a relação entre meios e fins é circular, dialética. Embora novas técnicas sejam motivadas por determinados fins, elas propõem *novos* fins, não previstos:

> Hoje, na forma da moderna técnica, a *techne* transformou-se em um infinito impulso da espécie para adiante [...]. Sua [da técnica moderna] criação cumulativa, isto é, o meio ambiente artificial em expansão, reforça, por um contínuo efeito retroativo, os poderes especiais por ela produzidos: aquilo que já foi feito exige o emprego inventivo incessante daqueles mesmos poderes para manter-se e desenvolver-se, recompensando-o com um sucesso ainda maior – o que contribui para o aumento das suas ambições.[8]

Trata-se de um "processo antientrópico", no qual a própria tecnologia, entregue a si mesma, produz sempre estágios "superiores". Tal "superioridade" deve ser entendida no sentido de crescimento do *poder* do agir humano sobre a natureza em escala de magnitude inédita. Magnitude que se manifesta na maior gama de objetos sob seu poder: no contexto da técnica moderna, as ações humanas recaem, nada menos, sobre toda a biosfera do planeta.[9] Magnitude também na extensão temporal de suas sequências de causalidade cumulativas:

> Desaparecem as delimitações de proximidade e simultaneidade, rompidas pelo crescimento espacial e o prolongamento temporal das sequências de causa e efeito, postas em movimento pela práxis técnica, mesmo quando empreendidas para fins próximos. Sua irreversibilidade, em conjunção com sua magnitude condensada, introduz outro fator, de novo tipo [...]. Acrescenta-se a isso o seu caráter cumulativo: seus efeitos vão se somando.[10]

---

8 JONAS, Hans. *O princípio vida:* fundamentos para uma biologia filosófica. Trad. de Carlos Almeida Pereira. Petrópolis: Vozes, 2004, p. 43.

9 *Ibidem*, p. 39.

10 *Ibidem*, p. 40.

O exposto refere-se a um *sucesso* sem precedentes na civilização, e que deslumbra e aprisiona: *não há nada melhor que o sucesso, e nada aprisiona mais que ele.*[11] A técnica moderna envolve, engaja, *é uma empresa, não uma posse, um processo e não um estado, "um impulso dinâmico e não um arsenal de ferramentas e habilidades"*.[12] Tal poder humano sobre a natureza, subentendido pela técnica moderna, cujas feições quantitativas foram mencionadas, merece ser ainda mais bem qualificado. Para essa tarefa, pode-se buscar auxílio em Francis Bacon, que, em *The Advancement of Learning*, declarou:

> Nossa proposta é revelar a natureza não em seu estado livre [...] mas sim enquanto atada, e torturada, pressionada, constituída e transformada pela arte e engenho humanos [...] pois a natureza das coisas é mais bem desvendada pelas torturas da arte, do que quando mantida intocada.

Aqui a menção é ao método experimental. Para Bacon, a razão sem método, a razão que operava a partir de princípios gerais, valendo-se apenas de silogismos para deduzir consequências práticas, não havia produzido avanços reais do conhecimento até então. É o que Bacon denominou *antecipações da natureza*, as quais objetivavam antes validar aqueles princípios gerais do que expandir o conhecimento da natureza. Ao contrário, o autor propunha as chamadas *interpretações da natureza* ou induções guiadas pelo método por ele proposto. Apenas assim, amparada pelo método, nutrida pela experiência, a razão poderia conhecer e dominar a natureza.

---

11 JONAS, Hans. *O princípio responsabilidade:* ensaio de uma ética para a civilização tecnológica. Trad. de Marijane Lisboa, Luiz Barros Montez. Rio de Janeiro: Contraponto/ Ed. PUCRio, 2006, p. 43.

12 JONAS, Hans. *Técnica, medicina e ética*, p. 32.

Chega-se, então, a um elemento distintivo da ciência moderna: justamente por fundar-se no método experimental, na intervenção/manipulação da natureza, a ciência moderna é *em si* tecnológica. Ou seja, mesmo nos primórdios da Revolução Científica, por exemplo, com Galileu Galilei, embora o objetivo imediato fosse o conhecimento, e não os desdobramentos práticos, o *conceito de natureza* pressuposto, que a tomava como manipulável, já continha a técnica moderna como possibilidade metafísica.[13] Na ciência moderna, o experimento (prático) é fonte de hipóteses científicas; e tais hipóteses (teóricas) se afirmam apenas à luz do experimento:

> Existe entre elas [ciência e técnica] uma mútua relação de feedback que as mantém em movimento; cada uma necessita e impulsiona a outra; e tal como estão as coisas hoje, só podem viver juntas ou, do contrário, morreriam juntas [...]; seu [da técnica] vínculo funcional integrador com a ciência é para ela um agente de infatigabilidade.[14]

Analogamente, em *Nova Atlântida*, sua utopia inconclusa, Bacon fala por meio do mensageiro da "Casa de Salomão", a instituição incumbida do progresso: "A Finalidade da nossa Fundação é o conhecimento das Causas e movimentos secretos das coisas; e a *expansão das fronteiras do Império Humano*, para efetuar todas as coisas possíveis".[15]

A crença no poder ilimitado de "expandir as fronteiras do império humano", ou do "reino do homem sobre a natureza", como aparece nas páginas iniciais do *Novum Organum*, subjaz à dinâmica da

---

13 JONAS, Hans. *Ensaios filosóficos:* da crença antiga ao homem tecnológico. Trad. de Wendell Evangelista Soares Lopes. São Paulo: Paulus, 2017, p. 89.

14 JONAS, Hans. *Técnica, medicina e ética*, p. 38.

15 BACON, Francis. *Nova Atlântida e a Grande Instauração*. Trad. introd. e notas Miguel Morgado. Lisboa: Edições 70, 2008 (grifo nosso).

tecnologia moderna e já indica algo do caráter utópico da técnica, que será abordado posteriormente nesta pesquisa.

Um exemplo da dinâmica de progresso da tecnologia que conduziu a medicina nas últimas décadas é a chamada "medicina genômica", também conhecida por "medicina de precisão" ou "medicina personalizada". No ano 2000, Francis Collins, geneticista e diretor do chamado Projeto Genoma, declarava: "No longo prazo, talvez em 15 ou 25 anos, veremos uma transformação completa da terapêutica médica".[16]

As observações de Collins se referiam às expectativas de que o conhecimento genético permitisse o diagnóstico mais preciso e precoce de doenças, bem como o desenvolvimento de fármacos mais eficazes. Contudo, agora, a aproximadamente 20 anos e muitos bilhões de dólares após o alvissareiro prognóstico de Collins, vai ficando evidente o quanto se superestimaram as potencialidades da genética para o diagnóstico e tratamento. Não são infrequentes as declarações como as de Joyner e Paneth, pesquisadores da Mayo Clinic e da Universidade de Michigan, respectivamente:

> À luz das limitações das narrativas da medicina de precisão, é urgente que a comunidade de pesquisa biomédica reconsidere sua atual obsessão pelo genoma humano e reavalie suas prioridades de pesquisa, adequando os recursos financeiros às necessidades de saúde da nossa nação. Não nos faltam questões urgentes de saúde. Nós devemos enfrentar os desafios da obesidade, inatividade e diabetes; precisamos abordar as questões de saúde mental que produzem sofrimento e violência; [...] temos que nos preparar conscientemente para a próxima pandemia de influenza [e coronavírus!]; temos a responsabilidade de evitar a contaminação do nosso ar, comida e água. Tópicos como estes

16 "Over the longer term, perhaps in another 15 or 25 years, you will see a complete transformation in therapeutic medicine." JOYNER, Michael; PANETH, Nigel. Promises, promises and precison medicine. *J Clin Investigation*. Los Angeles, v. 29, n.3, 2019, p. 1.

> têm sido preteridos pelos investimentos do NIH e de muitos institutos de pesquisa, em nome de uma agenda voltada à pesquisa genética que tem feito pouco para resolver aqueles problemas, oferecendo-nos promessas e mais promessas.[17]

Como não ver nessa "obsessão com o genoma humano" a marca da técnica médica moderna, com seu sedutor progresso que nos arrasta? A técnica que, ao apontar *possibilidades,* automaticamente as converte em *necessidades,* em ruptura com o velho equilíbrio entre meios e fins que marcava a técnica pré-moderna? Trata-se de uma dinâmica tão absorvente que induz a negligenciar demandas presentes (tais como obesidade, diabetes, pandemias) e abordáveis pelas técnicas já existentes, direcionando os maiores esforços para inovações *prometidas.*

A dinâmica do progresso tecnológico tornou-se o "empreendimento mais significativo da espécie [humana]",[18] invertendo a relação pré-moderna entre *homo sapiens* – o homem que define seus fins – e *homo faber* – o homem da *techne,* cujo "fazer" executava unicamente aqueles fins estabelecidos pelas faculdades não técnicas do homem.

---

17 "In light of the limitations of the precision medicine narrative, it is urgent that the biomedical research community reconsider its ongoing obsession with the human genome and reassess its research priorities including funding to more closely align with the health needs of our nation. We do not lack for pressing public health problems. We must counter the toll of obesity, inactivity, and diabetes; we need to address the mental health problems that lead to distress and violence; [...] we have to prepare conscientiously for the next influenza [and coronavirus!] pandemic; we have a responsibility to prevent the ongoing contamination of our air, food, and water. Topics such as these have taken a back seat to the investment of the NIH and of many research universities in a human genome–driven research agenda that has done little to solve these problems, but has offered us promises and more promises." *Ibidem.*

18 JONAS, Hans. *Ensaios filosóficos,* p. 43.

Tal autonomia da técnica não se restringe ao já salientado aspecto processual, mas se manifesta também no aspecto material, nas coisas com as quais o movimento tecnológico está relacionado.[19] Os objetos manipulados pela técnica se tornam cada vez mais abstratos, mais distantes da experiência corporal (menos intuitivos), assim como impessoais.

Tal evolução da técnica acompanhou o desenvolvimento da ciência moderna: esta principiou na física mecânica, e a ela se seguiram os desenvolvimentos da química, da eletrodinâmica e, por fim, da biologia. Enquanto a mecânica ainda possibilita analogias corporais, a química, com sua intervenção "mais profunda, até as infraestruturas da matéria, cujas novas substâncias se obtêm por especificação de maneira dedutivo-combinatória desde a camada mais ínfima"[20], ou mais claramente "a eletricidade enquanto objeto abstrato, incorpóreo, imaterial, invisível"[21], engendram uma ciência cada vez menos tangível. E, sobretudo a partir do desenvolvimento da eletrônica, os "produtos" na forma de informação, de entretenimento, se tornam também imateriais:

> [...] servem aos sentidos e ao espírito: telefone, rádio, televisão, gravador, calculadora [...]. Tanto por sua produção imaterial, dirigida à consciência, como pela física invisível, não propriamente "mecânica", de seu trabalho, esses aparatos distinguem-se de toda a maquinaria macroscópica, fisicamente móvel, do tipo clássico.[22]

---

19 *Ibidem*, p. 40.

20 JONAS, Hans. *Técnica, medicina e ética*, p. 44.

21 *Ibidem*, p. 46.

22 JONAS, Hans. *O princípio responsabilidade*, p. 45.

A tecnologia da informação é radicalmente incorpórea. A experiência sensorial proporcionada por ela é quase exclusivamente *visual* (o sentido que mantém o maior distanciamento entre o corpo que "vê" e o objeto "visto") e pouco auditiva e menos ainda tátil. Tal fenômeno é, como será visto na Parte II, coerente com o percurso do pensamento e da ciência modernos, com sua valorização da objetividade da experiência visual.

Por ora, a intenção é ressaltar o quanto a tecnologia moderna se distanciou do corpo vivo, concreto, individual, tornando-se um ente abstrato, impessoal e coletivo; enfim, uma realização da *humanidade:* "o homem atual é cada vez mais o produtor daquilo que ele produziu e o feitor daquilo que ele pode fazer [...]. Mas quem é "ele"? Nem vocês, nem eu: importam aqui o ator coletivo e o ato coletivo, não o ator individual e o ato individual".[23]

Assim, a tecnologia é uma *empresa* coletiva, distinta da obra do artesão pré-moderno; essa última era dotada de alguma pessoalidade, e ainda remete ao autor individual. A impessoalidade e o caráter incorpóreo do agir humano sob a égide da técnica moderna esvaziam a própria ideia de *trabalho*:

> É correto dizer que o trabalho do relojoeiro é "mais intelectual" do que o trabalho "mais manual" do ferreiro [...] Portanto, uma vez que sob o signo da técnica todos os trabalhos do tipo "ferreiro" evoluem para o tipo "relojoeiro", poderíamos falar de uma crescente "intelectualização" do trabalho humano em geral [...] Mas será essa a evolução em curso? Será que o trabalho daqueles que apenas supervisionam a máquina que corta em série *uma* arruela de relógio, ou a máquina que executa *uma* das operações de montagem da peça final – esta é a próxima etapa do progresso! – é "mais intelectual" do que o trabalho do relojoeiro tecnicamente obsoleto, artesanal, que fabrica todo o pro-

23 *Ibidem*, p. 44.

duto? Ao contrário! Aquele trabalho é intelectualmente mais pobre, e tanto mais pobre quanto mais pobre ele for fisicamente! A perda de diversidade manual (e de esforço!) acompanha a perda de atividade intelectual. *Junto com o corpo, também o espírito é desempregado*".[24]

A passagem acima já remete à importância que assumem, na filosofia jonasiana, a corporalidade e a crítica ao dualismo corpo-espírito. Para o filósofo, o dualismo deixou marca duradoura na metafísica ocidental e está na base de preconceitos, tais como o expresso no trecho acima: no caso, a maior "humanidade" e desejabilidade do trabalho incorpóreo, "intelectual".

A compreensão jonasiana do fenômeno tecnológico, até aqui exposta, merece ser sucintamente contextualizada no conjunto do pensamento relativo à tecnologia. Seguindo os passos do filósofo Andrew Feenberg[25], podemos distinguir, a grosso modo, duas classes principais de teorias relativas à tecnologia: as teorias que compreendem o fenômeno tecnológico *instrumentalmente* e aquelas que o tomam *substantivamente*.

As teorias instrumentais veem a tecnologia como eticamente neutra, sendo governada por valores oriundos de outras esferas sociais (por exemplo, política, cultura). Como exemplo, citamos o marxismo, mais especificamente aquelas abordagens que enfatizam a crítica marxiana à propriedade privada dos meios de produção e à mais-valia.[26] Segundo tal concepção, a transferência do controle dos

24 JONAS, Hans. *O princípio responsabilidade:* ensaio de uma ética para a civilização tecnológica. Rio de Janeiro: Contraponto, 2006, p. 317.

25 FEENBERG, Andrew. *Critical Theory of Technology.* New York: Oxford University Press, 1991.

26 Pensamos aqui, por exemplo, em Louis Althusser, que encontrou na obra marxiana uma ruptura entre o jovem Marx dos *Manuscritos econômico-filosóficos* e o Marx "maduro" de *O Capital*. Nos *Manuscritos*, Marx teria esboçado uma antropologia e um conceito de

meios de produção para a classe trabalhadora seria condição suficiente para o uso mais humanizado e "socialista" da tecnologia.

As teorias *substantivas*, por sua vez, reconhecem na tecnologia uma dinâmica própria, autopropulsora, e que resiste a valores que eventualmente a ela se contraponham. Martin Heidegger, Herbert Marcuse, Michel Foucault e o próprio Hans Jonas estão entre os pensadores que elaboraram teorias substantivas da tecnologia. Abordar as particularidades de cada uma dessas teorias foge às pretensões deste livro, porém julgamos interessante ressaltar alguns aspectos que sejam úteis, em contraste ao pensamento jonasiano, para aprimorar a compreensão deste.

Heidegger, em *A Questão da Técnica*, opôs-se claramente à ideia de neutralidade ética da técnica moderna:

> Mas de modo mais triste estamos entregues à técnica quando a consideramos como algo neutro; pois essa representação, à qual hoje em dia especialmente se adora prestar homenagem, nos torna completamente cegos perante a essência da técnica.[27]

A essência da técnica, para Heidegger, é "o modo científico de ver a natureza como algo a ser calculado, o modo como a natureza é transformada em pura teoria".[28] Contudo, para Jonas o estudo heideggeriano da técnica moderna foi excessivamente "abstrato", porquanto

---

alienação que abandonou na maturidade. Essa interpretação foi coerente com o stalinismo e com a social-democracia, que enfatizaram o combate à desigualdade de renda e o controle coletivo dos meios de produção, negligenciando a crítica marxiana da alienação mediada pela tecnologia capitalista. *Ibidem*, cap. 2.

27 HEIDEGGER, Martin. *A questão da técnica.* São Paulo: Scientiae Studia, 2007, p. 375-398.

28 OLIVEIRA, Jelson. *Negação e poder:* do desafio do niilismo ao perigo da tecnologia. Caxias do Sul: Educs, 2018, p. 109.

distante do *ser vivo*. Jonas, ao construir sua biologia filosófica – que será tema do capítulo 4 – distinguiria sua filosofia da de Heidegger ao buscar uma compreensão imanente dos impactos da tecnologia sobre a vida.[29]

Herbert Marcuse, por sua vez, entendeu a tecnologia a partir do conceito de *racionalidade tecnológica*. Esta caracteriza-se pela perda da sua dimensão *crítica*, constituindo-se uma "unidimensionalidade" de pensamento, o qual se torna eternamente legitimador do *status* quo. A alienação do trabalho, ou seja, a separação entre trabalhadores, meio de produção e produto do trabalho, assume uma justificativa *técnica*. Na noção de racionalidade tecnológica, unificam-se dimensões políticas (de poder, de controle) e técnicas. Em outras palavras, para Marcuse, a tecnologia foi concebida, também, como elemento de dominação e controle social.[30]

Michel Foucault também recusa a neutralidade da técnica moderna e vê esta decomposta em "microtécnicas", ou seja, procedimentos de controle e mensuração pontuais, que são empregados em instituições tão variadas quanto exércitos, hospitais, prisões e fábricas. Esses procedimentos microtécnicos prescindem de um planejamento central, desenvolvendo-se quase autonomamente. Foucault considera equivocada a distinção entre valor e verdade. Não existira uma tecnociência comprometida com uma verdade pura, à margem dos jogos de poder sociais.[31]

Apesar de compreender a tecnologia substantivamente, ou seja, identificar a dinâmica própria ao agir tecnológico e investi-

---

29 *Ibidem*, p. 154.

30 MARCUSE, Herbert. *One-dimensional man*: studies in the ideology of advanced industrial society. Boston: Beacon press, 1991.

31 FEENBERG, Andrew. *Critical Theory of Technology.*, cap. 4.

gar seus pressupostos metafísicos, Jonas não conferiu o mesmo destaque que Foucault e Marcuse à dimensão política da técnica moderna. O aspecto político foi abordado pelo filósofo em *O princípio responsabilidade* e centrou-se na crítica jonasiana do marxismo. Como veremos mais adiante, a compreensão do marxismo por Jonas é alvo de críticas. Aliás, o próprio Jonas reconheceu que a dimensão política de sua ética é frágil tanto do ponto de vista teórico quanto operativo.[32] Em *Técnica, medicina e ética,* mais precisamente no Capítulo 1, Jonas fez brevíssimas considerações sobre o que ele denominou "explicação causal" do fenômeno tecnológico. Mencionou então apenas apressadamente a "necessidade de domínio ou controle por parte dos grandes estados do nosso tempo" e arremata afirmando que "isso vale tanto para sistemas socialistas quanto para sociedades de livre mercado".[33] Não encontramos na obra jonasiana uma referência ao caráter não democrático da tecnologia, nem à sua vinculação com o capitalismo, aspecto tão desenvolvido por Marcuse, Foucault e Feenberg, por exemplo. Jonas entende a tecnologia como consequência de pressupostos metafísicos que transcendem os sistemas de produção.

Concluída nossa digressão, e mais bem contextualizado o pensamento jonasiano da tecnologia, voltemos à medicina, território onde Jonas se sentiu mais à vontade do que na política. Perguntamos: a gênese de muitas frustrações na relação entre médicos e pacientes na atualidade não estaria na substituição do "artesão" que se reconhece em seu trabalho – digamos, o médico pré-moderno – pela grande empresa tecnológica? Jonas identifica na arte médica tradicional dois aspectos marcantes – a pessoalidade e a corporalidade:

32 JONAS, Hans. *O princípio responsabilidade,* 2006, p. 74.

33 JONAS, Hans. *Técnica, medicina e ética,* Cap. 1.

> Uma característica essencial da arte médica é [...] que nela o médico tem de se haver a todo o momento com seus iguais, e isso tipicamente no singular. O paciente espera, e precisa poder confiar que o tratamento só diga respeito a ele mesmo [...]; mais especificamente, [...] a arte médica se dedica ao corpo de outrem, corpo com o qual o homem pertence ao reino dos organismos animais [...]. Mas ele é o *corpo de uma pessoa*, e é em relação a isso que se evidencia o antes enfatizado caráter de fim em si mesmo [*Selbstzweck-Charakter*] do objeto da arte médica.[34]

Não é de se admirar, portanto, que a interpenetração crescente entre tecnologia e medicina encontre aqui mais um ponto de tensão. Como mencionado na Introdução, há dados empíricos que associam ao desenvolvimento do *burnout*[35] o maior emprego da tecnologia da informação – talvez a mais imaterial, incorpórea e anônima das técnicas modernas – bem como o maior volume de trabalho burocrático e escritural.

Concluindo, a técnica moderna pode ser descrita como empreendimento coletivo da nossa civilização (chamada *civilização tecnológica* por Jonas), fundado em uma relação de alimentação recíproca com a ciência moderna, caracterizando-se por sua dinâmica de progresso ilimitado, manifesto enquanto poder de controle impessoal e

34 *Ibidem*, p. 157-158 (grifo nosso).

35 O termo *burnout* foi empregado pela primeira vez por Friedlander, em 1974, para se referir à síndrome de exaustão emocional e cognitiva relacionada ao trabalho. Mas foi Christina Maslach quem, em 1996, conceituou a síndrome mais sistematicamente. O *burnout* passou a ser entendido como condição caracterizada por manifestações em três domínios: (1) exaustão emocional – a incapacidade de corresponder às demandas afetivas do exercício profissional; (2) despersonalização: a tendência de o profissional ver a si próprio, seus colegas e pacientes de forma impessoal e desumanizada; (3) sentimento de baixa realização profissional. MASLACH, Cristina; JACKSON, Susan; LEITER, Michel. *Maslach Burnout Inventory Manual*. Consulting Psychologists Press, 1996.

objetivo da natureza. Entretanto, alguns aspectos inovadores do agir humano no contexto tecnológico merecem maior detalhamento, por sua relevância ética:

> (1) o seu diferenciado nexo causal com o futuro, caracterizado por maior alcance temporal;
> (2) a extensão dos efeitos à totalidade da natureza (humana e extra-humana);
> (3) o seu caráter coletivo.

O agir pré-moderno tinha suas consequências circunscritas ao "agora":

> Assim, o bem e o mal, com o qual o agir tinha de se preocupar, se evidenciavam na ação, seja na própria práxis ou em seu alcance imediato, e não requeriam um planejamento de longo prazo. [...] O alcance efetivo da ação era pequeno, o intervalo de tempo para previsão, definição de objetivo e imputabilidade era curto [...][36]

Portanto, a ética, que existe para ordenar as ações e regular o poder de agir dos homens,[37] no contexto pré-moderno circunscrevia-se ao presente: todos os mandamentos da ética tradicional demonstram esse confinamento ao círculo imediato da ação.[38] O futuro não estava incluído no escopo da ética: o longo trajeto das consequências ficava ao critério do acaso, do destino ou da providência.[39]

No entanto, Jonas não negou que as considerações relativas ao futuro tenham participado da ética pré-moderna. Porém, tratava-se de um futuro abstrato, e não o resultado imanente do agir humano.

---

36 JONAS, Hans. *O princípio responsabilidade*, p. 35.

37 *Ibidem*, p. 65.

38 *Ibidem*, p. 36.

39 *Ibidem*, p. 35.

Por exemplo, para a ética cristã são preconizadas virtudes[40] a serem exercidas *agora* visando à salvação futura da alma. Contudo, o nexo causal entre a virtude de hoje e a salvação de amanhã é transcendente, pressupõe a fé em uma providência divina.

O futuro para a civilização tecnológica é outro. Em primeiro lugar, ele nos convoca muito mais concretamente:

> [...] ante nossos olhos, as energias universais [...] começam a traçar o rosto do futuro. Tudo tende para adiante, para o amanhã e o depois de amanhã. [...]. Nosso hoje, prenhe de futuro como está e calculável em muitas coisas, nos obriga como em nenhuma época anterior a esse predizer e pensar hipotético das possibilidades subjacentes.[41]

A metáfora da gravidez ("o hoje prenhe de futuro") é bastante elucidativa e ressalta a concretude, a proximidade de um amanhã que já se desenvolve no ventre da civilização tecnológica; a presença desse amanhã se faz sentir *imediatamente,* como os movimentos do feto no útero gravídico. Nada separa a experiência temporal e a dinâmica da tecnologia. Se esta civilização é tecnológica, a sua temporalidade é a dinâmica da técnica moderna.

Tal dinâmica, conforme visto, é feita de progresso, pois a marcha antientrópica é incessante, rumo aos estágios "superiores" de poder sobre a natureza. E a chave para compreender a centralidade do futuro no agir tecnológico está nas transformações sofridas pelo

---

40 Tais virtudes cristãs são as prescrições de justiça, amor ao próximo, sinceridade etc., que seriam ou poderiam ser prescritas por uma ética imanente em estilo clássico. São virtudes a serem praticadas aqui e agora. Portanto, estamos mais uma vez às voltas com uma ética da simultaneidade e da imediaticidade. JONAS, Hans. *O princípio responsabilidade:* ensaio de uma ética para a civilização tecnológica. Rio de Janeiro: Contraponto, 2006, p. 51.

41 JONAS, Hans. *Técnica, medicina e ética,* p. 63-64.

poder da técnica moderna, que é *extremo* e *cumulativo*, em uma magnitude sem precedentes:

> O grande empreendimento da tecnologia moderna, que não é nem paciente nem lento, comprime – como um todo e em muitos de seus projetos singulares – os muitos passos minúsculos do desenvolvimento natural em poucos passos colossais [...]; à amplitude causal se acrescenta, portanto, a velocidade causal das intervenções tecnológicas na organização da vida.[42]

Ou seja, enquanto a evolução da vida na Terra, pelo que informa o testemunho dos fósseis, foi construída de forma gradual, ziguezagueante e espacialmente circunscrita, a técnica moderna, por sua dinâmica intrínseca, produz impactos bruscos e de considerável amplitude espacial. Coloca-se claramente a dúvida sobre a compatibilidade do desenvolvimento tecnológico com o modo de ser da totalidade da natureza.

> A experiência tem ensinado que os desenvolvimentos tecnológicos postos em marcha pela ação tecnológica com objetivos de curto prazo tendem a se autonomizar, isto é, a adquirir sua própria dinâmica compulsiva, com um crescimento espontâneo graças ao qual, como dissemos, eles se tornam não só irreversíveis como também autopropulsionados, *ultrapassando de muito aquilo que os agentes quiseram e planejaram*.[43]

Deparamo-nos com um poder vertiginoso que se autopropulsiona e cujo objeto não é nada menos do que a biosfera inteira do planeta, um objeto de magnitude tão impressionante, diante da qual

---

42 JONAS, *O princípio responsabilidade*, 2006, p. 77.

43 JONAS, Hans. *O princípio responsabilidade*, p. 78 (grifo nosso).

todos os antigos objetos da ação humana parecem minúsculos.[44] Como será visualizado, tamanha modificação do objeto do agir humano exigirá, no entender do filósofo, uma nova ética.

Ainda mais porque a "magnitude tão impressionante" do objeto do agir tecnológico não deve ser compreendida apenas *extensionalmente,* mas, sobretudo, *ontologicamente.* Ou seja, o objeto da técnica moderna é a totalidade do *Ser* da natureza humana e extra-humana, e não apenas os aspectos acidentais ou quantitativos dos entes naturais: "[Os projetos do poder tecnológico] dizem respeito à condição geral da natureza em nosso planeta e ao tipo de criaturas que devem ou não habitá-lo".[45]

Existência e essência dos seres vivos estão sob o alcance da técnica moderna. E aqui a tecnologia não se detém, ela avança em direção ao homem: "Estamos, quem sabe, no umbral de uma tecnologia que se apoia nos conhecimentos biológicos e nos brinda com uma capacidade de manipulação que tem o próprio homem por objeto?"[46]

Insinua-se, acima, a preocupação que Jonas manifestou em diversas ocasiões com a tecnologia biomédica – ocupou-se com a manipulação genética (organismos recombinantes, clonagem), com o controle do comportamento, com o prolongamento da vida humana e com os experimentos em seres humanos, dentre outros.

No que tange ao controle do comportamento e ao prolongamento da vida, a técnica de fato se espraiou com desenvoltura nos últimos quarenta anos: o manejo farmacológico de condições tais como transtorno de hiperatividade, ansiedade, depressão, déficits de aprendizado, dentre outros, se expandiram, dando concretude à preocupação jonasiana:

---

44 *Ibidem,* p. 39.

45 *Ibidem,* p. 63.

46 JONAS, Hans. *Técnica, medicina e ética,* p. 49.

> [...] sempre que contornamos dessa maneira o caminho humano para enfrentar os problemas humanos, substituindo-o pelo curto-circuito de um mecanismo impessoal, subtraímos algo da dignidade dos indivíduos e damos mais um passo à frente no caminho de sujeitos responsáveis a sistemas programados de conduta.[47]

Observa-se, aqui, indicada a ameaça que o agir tecnológico oferece à dignidade humana, esta concebida por Jonas como inextricavelmente ligada à responsabilidade. Ou seja, a capacidade para o agir responsável – em sentido que ainda merecerá melhor precisão neste estudo – está no núcleo daquilo que Jonas designa por "ideia de homem", objeto resguardado pelo imperativo ético jonasiano.

Já o campo da genética foi alvo de freios éticos mais marcados. Como passo exemplar nesse sentido, pode-se mencionar, internacionalmente, a chamada "Comissão de Oviedo do Conselho da Europa", instituída em 1997, que constituiu o primeiro documento jurídico vinculante que buscou limitar eticamente a tecnologia biomédica.[48]

Talvez aqui resida a inovação do agir tecnológico com o mais radical impacto ético – a existência física e substantiva dos próprios sujeitos morais está sob alvo da ação. A ética pré-moderna nunca se defrontou com situação similar: a presença do homem no mundo era um dado primário e indiscutível de onde partia toda a ideia de dever referente à conduta humana.[49] Para a civilização tecnológica, opostamente, a existência futura de um mundo adequado à habita-

47 JONAS, Hans. *Técnica, medicina e ética*, p. 60.

48 BECCHI, Paolo. *O princípio da dignidade humana*. Trad. Ubenai Lacerda. Aparecida: Editora Santuário, 2013.

49 JONAS, *Técnica, medicina e ética*, p. 45.

ção humana, e mesmo a de uma "humanidade digna desse nome", se tornou incerta, em decorrência dos novos poderes da técnica.[50]

Mas a própria ciência moderna fornece subsídios para estimar os riscos que se abatem sobre a totalidade do Ser da natureza (humana e extra-humana): a crítica à vulnerabilidade da natureza, provocada pela intervenção técnica do homem, foi justamente o que fez surgir a "ciência do meio ambiente" (ecologia).[51] A ação humana sob a égide da técnica moderna explicita as ameaças à existência futura ocasionadas pela própria técnica.

Assim, fica evidente que a técnica moderna pode "desfigurar" ou até "destruir o pressuposto de si mesma".[52] Adicionalmente, a mesma ciência revela a incompletude e a incerteza do seu saber relativo aos desdobramentos futuros. E o saber cotidiano não pode eliminar essa incerteza, "mas a autopropagação cumulativa da mudança tecnológica do mundo [...] ultrapassa incessantemente as condições de cada um de seus atos contribuintes [...] diante dos quais os ensinamentos da experiência são impotentes".[53]

Portanto, surge uma distância entre "o poder do agir (tecnológico)" e a "força da previsão".[54] Tal hiato entre poder e saber é marca do agir tecnológico: o inesperado é a regra, a surpresa, o que se deve esperar. Tal fato traz para o cenário ético um novo valor – ou seja, os prognósticos (forçosamente aproximados) de uma ciência da "previsão hipotética", uma "futurologia comparativa" entre os diversos desfechos possíveis do agir tecnológico.[55]

---

50 *Ibidem*, p. 44-45.

51 JONAS, Hans. *O princípio responsabilidade*, 2006, p. 39.

52 JONAS, Hans. *Ibidem*, p. 40.

53 *Ibidem*, p. 40.

54 *Ibidem*, p. 41.

55 *Ibidem*, p. 70.

Cabe destacar ainda um aspecto da ação no contexto da técnica moderna com relevância para o cenário ético: o seu caráter de empreendimento sobretudo coletivo, e não individual. Há impessoalidade tanto na atuação quanto nos efeitos dessa atuação. Os indivíduos têm sua identidade diluída enquanto "colaboradores" da empresa tecnológica. Da mesma forma, como já exposto, os efeitos futuros peculiares do agir tecnológico dizem respeito à *humanidade*, tomada genericamente, enquanto *ideia de homem* – ideia que concerne tanto à existência física quanto substantiva dos seres humanos. Tal natureza coletiva – *pública* – da ação tecnológica, bem como seu conhecido deslocamento futuro dos efeitos, traz demandas *políticas* para a ética, em grau mais acentuado do que no contexto pré-moderno:

> [...] a questão prático-política é tanto mais importante na medida em que se trata do bem ou da necessidade longínquos. Em comparação com o bem e a necessidade próximos, é mais difícil dizer como o conhecimento eventual de algo mais afastado, partilhado por poucos, poderá influenciar a ação de muitos.[56]

Acima usa-se o termo *público* em referência à tecnologia moderna. Mas esse termo, à luz da análise jonasiana da técnica, merece ser mais bem qualificado. Pois, no contexto da civilização tecnológica, os limites entre os domínios público e privado estão obscurecidos, principalmente pela atuação dos meios eletrônico-digitais de comunicação, com prejuízo de ambos os domínios:

56 *Ibidem*, p. 69.

> Que a exibição do privadíssimo, tanto espiritual quanto fisicamente, destrói a intimidade do privado, é por si evidente. Mas, igualmente certo, embora não tão manifesto, é que sua penetração no espaço público destrói seu caráter suprapessoal, aquilo que lhe permite a prerrogativa da objetividade, que é essencial a ele. A ameaça é nova, porque nunca antes houve um instrumento de indiscrição pública [...] como o moderno sistema de comunicação eletrônico, que leva o dormitório (e o sofá do psicanalista) a cada salão. Ambas as esferas, a pública e a privada, têm de ser protegidas de si mesmas, cada uma com vistas a si e à outra [...]. Aqui se oculta um dos riscos mais sutis – muito diferente dos [riscos] físicos – da civilização tecnológica, tão sutil em seus meios e tão vulgar em seus efeitos.[57]

Assim, a desfiguração do ser humano ameaça estender-se à própria subjetividade, à medida que o indivíduo se encontra padronizado, tornado mero espetáculo passível de exibição "pública".

Portanto, ao falarmos da autoria e dos efeitos dos atos tecnológicos, defrontamo-nos com o coletivo, mas não mais no sentido da esfera *pública* tradicional, "suprapessoal e objetiva". Trata-se de um espaço público fragmentado, empobrecido: "No conglomerado cada vez mais denso das massas atomizadas, amorfas, [...] poderia ocorrer que nos convertêssemos em selvagens tecnológico-eletrônicos".[58]

Decerto, essa descaracterização do público e do privado transforma sobremaneira a política, fato que já se evidencia em nosso tempo, por exemplo, com a importância que as chamadas "mídias sociais" na internet vêm assumindo no contexto político-eleitoral, com efeitos não tão distantes da selvageria prenunciada pelo filósofo.[59]

---

57 JONAS, Hans. *Técnica, medicina e ética*, p. 68.

58 *Ibidem*, p. 68.

59 Tomando por exemplo as eleições brasileiras em 2018, são abundantes as evidências de distorções e manipulações pelo aparato tecnológico das mídias digitais. A esse respeito, ler: GOLDZWEIG, Rafael. Por que devemos nos preocupar com a influência das redes sociais nas eleições 2018? *El país*. Opinião – Eleições 2018. 22 set. 2018. Dispo-

No que concerne à medicina, embora tradicionalmente a relação médico-paciente se circunscrevesse ao âmbito privado, no contexto da sociedade tecnológica, o quadro se modifica:

> Naturalmente, nossa imagem inicial era a da relação singular entre médico e paciente, como se estivessem a sós no mundo, uma ficção que só expressa a obrigação terapêutica primária do médico, mas não toda a sua obrigação. O plural sempre o acompanha. Pois o médico sempre é também comissionado da sociedade e servidor da saúde pública. Isso já ocorre mesmo em relação ao paciente individual, como, por exemplo, no isolamento, que lhe é imposto, em caso de enfermidade contagiosa, para a proteção da comunidade. Especialmente a medicina preventiva [...] é em grande medida orientada em termos coletivos [...] e já que prevenir é melhor que remediar, nesse aspecto social se pode ver, inclusive, a responsabilidade superior da arte e ciência médicas. Os cuidados dessa responsabilidade podem afinal ir além da saúde, em direção a dimensões totalmente distintas do bem e do mal, acima e além dos que estão vivos, em direção às gerações futuras, concernindo, inclusive, o destino da raça humana sobre a terra.[60]

A atividade médica, outrora centrada no cuidado individual, viu-se, após os desenvolvimentos da tecnologia biomédica – microbiologia, imunizações, conhecimentos epidemiológicos – progressivamente deslocada para uma dimensão mais coletiva e "pública". Embora os benefícios das intervenções médicas coletivas (sobretudo imunização e saneamento) tenham sido avassaladores, o deslocamento da atividade médica para a esfera pública não se deu sem atritos e sem prejuízos para o cuidado dos doentes.

---

nível em: https://brasil.elpais.com/brasil/2018/09/21/opinion/1537557693_143615.html. Acesso em: 14 ago. 2020.

60 JONAS, Hans. *Técnica, medicina e ética*, p. 163.

Afinal, como já mencionado, na sociedade tecnológica existe um *novo* espaço público – fragmentado, massificado e manipulado – no qual mitos, pseudociência e interesses diversos (político-eleitorais, comerciais etc.) desfrutam de prestígio igual, e possivelmente superior aos clássicos interesses da "saúde pública".

A relação médico-paciente, outrora uma "relação singular, como se estivessem a sós no mundo", vê-se também transformada pelo acesso dos indivíduos às "informações" biomédicas veiculadas pelas mídias digitais. Nem sempre tal acesso, contudo, tem impactos positivos para os desfechos de saúde.[61]

Também ficam evidentes o maior alcance temporal e a ampliação do objeto da prática médica. Se o escopo da atuação médica tradicional, como visto, era perseguir a cura do paciente individual, agora a responsabilidade do poder médico se estende "às gerações futuras, concernindo inclusive o futuro da raça humana sobre a terra".

Tal horizonte temporal e objeto são inéditos à profissão médica. Vários temas biomédicos abordados por Jonas em *Técnica, Medicina e ética* remetem aos impactos espacialmente globais e temporalmente transgeracionais, como exemplificam o controle da natalidade, as intervenções para o prolongamento da vida, eugenia positiva e negativa, experimentos em seres humanos, bem como as preocupações quanto à sustentabilidade econômica da assistência à saúde.

Faz-se o momento de abandonar a simples descrição do agir tecnológico. Toda ação humana suscita, necessariamente, um questionamento ético. Nas palavras do filósofo: "No caso da ética é preciso dizer

---

61 O acesso à informação "médica" por meios digitais tem produzido efeitos nefastos, tais como automedicação e fragmentação do cuidado. COELHO, Elisa Quaresma; COELHO, Augusto Quaresma; CARDOSO, José Eduardo. Informações médicas na internet afetam a relação médico-paciente? *Revista Bioética*. Brasília, v. 21, 2013, p. 142-149.

que ela tem que existir. Ela tem que existir porque os homens agem, e a ética existe para ordenar suas ações e regular seu poder de agir".[62]

A técnica moderna transformou tão completamente as ações humanas, por haver ampliado o alcance espaço-temporal e ontológico daquelas ações, que, argumenta Jonas, as prescrições da ética da "virtude" aristotélica ou cristã e kantiana tornaram-se insuficientes para nortear a civilização tecnológica:

> A técnica moderna introduziu ações de tal ordem inédita, de grandeza [...] que a moldurada ética antiga não consegue mais enquadrá-las [...]. Também já há muito não estão mais aqui os deuses, cujos direitos reconhecidos poderiam se contrapor às fantásticas ações humanas. Decerto que as antigas prescrições [...] da justiça, da misericórdia, da honradez etc. [...] ainda são válidas [...] para a esfera mais próxima, quotidiana, da interação humana. Mas essa esfera torna-se ensombrecida pelo crescente domínio do fazer coletivo.[63]

O próximo capítulo será dedicado a compreender as propostas de Jonas para uma ética mais apropriada às demandas do agir humano na civilização tecnológica.

---

62 JONAS, Hans. *O princípio responsabilidade*, 2006, p. 65.

63 *Ibidem*, p. 39.

A demanda por uma nova ética e a proposta jonasiana

Ao término do capítulo anterior, ficou subentendida a insuficiência dos sistemas éticos precedentes, no contexto das radicais transformações sofridas pela ação humana soba tecnologia. Os novos *poderes* dessa ação demandam uma nova ética que lhes ordene e regule. Contudo, os obstáculos à construção dessa nova ética não se restringem às já mencionadas mudanças qualitativas e quantitativas do agir, mas agregam outros dois fenômenos típicos da modernidade: o descrédito das religiões e da própria noção de *norma*, expressões do *niilismo* moderno.

Posteriormente, ao analisarmos os fundamentos metafísicos da ética jonasiana, retornaremos mais detidamente ao tema do niilismo. Por ora, interessa enfatizar que, ao elaborar uma ética para a civilização tecnológica, não é possível dispor do recurso a um poder divino, transcendente. Assim, pergunta Jonas:

> Trata-se de saber se, sem restabelecer a categoria do sagrado, destruída de cabo a rabo pelo Aufklärung [Iluminismo] científico, é possível ter

> uma ética que possa controlar os poderes extremos que hoje possuímos e que nos vemos obrigados a seguir conquistando e exercendo.[1]

E, como mencionado brevemente, a dificuldade se torna ainda menos transponível porquanto a própria noção de norma, de dever, está desacreditada:

> Pois exatamente o mesmo movimento que nos pôs de posse daquelas forças cujo uso deve ser agora regulamentado por normas – o movimento do saber moderno na forma das ciências naturais –, em virtude de uma complementaridade forçosa, erodiu os fundamentos sobre os quais se poderiam estabelecer normas e destruiu a própria ideia de norma como tal.[2]

Na relação médico-paciente, o descrédito da autoridade se revela na condenação do "paternalismo médico" e correlata exaltação do "princípio da autonomia" pela bioética contemporânea. A rejeição à norma – anomia – que marca a modernidade é um desafio a ser transposto por qualquer proposta ética. Reconhece-o Alfred Tauber, quando, a respeito da ética médica, escreve: "O fato mais interessante sobre a ética médica contemporânea é que ela de alguma forma exista".[3]

Portanto, a ética de que necessitamos, no contexto da técnica moderna, deve fundar-se em princípios seculares e imanentes, o que elimina como alternativas os sistemas éticos, tais como os cristãos, judaicos e os ascetismos diversos. E o *acosmismo* moderno, ou seja, a

1 JONAS, Hans. *O princípio responsabilidade:* ensaio de uma ética para a civilização tecnológica. Rio de Janeiro: Contraponto, 2006, p. 65.

2 *Ibidem*, p. 65.

3 "The most interesting fact about contemporary medical ethics is that it exists at all". TAUBER, Alfred. Sick autonomy. *Perspectives in Biology and Medicine*. Boston, v. 46, 2003, p. 484-495.

negação de um todo ordenado, exclui como alternativa o aristotelismo que, apesar de ofertar uma ética imanente, não pode prescindir da crença em um *cosmos*.

Restam fundamentações éticas mais ambientadas na modernidade, porquanto seculares e imanentes. Dentre elas, duas mereceram maior apreciação por Hans Jonas: a kantiana e a marxista. Por ora, acompanharemos a avaliação jonasiana da ética de Kant; a análise do marxismo será reservada para um momento posterior, ao abordarmos a crítica à utopia.

Dentre todas as novidades trazidas pelo novo poder do agir tecnológico, decerto a sua maior extensão temporal, em direção ao futuro, é a de maior repercussão ética. Jonas assinala em diversos momentos que as ações humanas prévias à tecnologia moderna tinham seu horizonte restrito ao *aqui* e *agora*. Portanto, nas palavras do filósofo, a ética pré-tecnológica era uma ética do "simultâneo", que pressupunha ser a natureza extra-humana invulnerável, em contraste com o mundo humano, tomado como inconstante e efêmero:

> A invulnerabilidade do todo, cujas profundezas permanecem imperturbadas pela impertinência humana, ou seja, a imutabilidade essencial da natureza como ordem cósmica foi de fato o pano de fundo para todos os empreendimentos do homem mortal.[4]

Assim, os feitos humanos eram considerados irrelevantes para a natureza, e a existência futura de uma natureza apta a abrigar a vida humana era considerada certa. Aliás, mesmo a presença de homens no futuro, bem como a estabilidade futura da natureza de tais homens, era pressuposta. Na era pré-tecnológica vigorava a ética do simultâneo, sendo o horizonte futuro largamente desconsiderado.

4 JONAS, Hans. *O princípio responsabilidade*, p. 33.

Jonas considera a ética de Kant exemplar de uma ética do "simultâneo". Parte-se do imperativo categórico kantiano: "Aja de modo que tu também possas querer que tua máxima se torne lei geral". Jonas salienta que nada em tal imperativo implica preocupação com a existência ou com o modo de ser dos homens no *futuro*. O dever pressuposto no imperativo kantiano é inspirado pelo respeito à lei em si e pela repulsa à contradição a essa lei; em última instância, pelo respeito à ideia de *universalidade:*

> De fato, uma das notáveis intuições de Kant [...] é a de que, ao lado da razão, também o sentimento tem de entrar em cena, de modo que a lei moral se imponha sobre a nossa vontade. Para ele, tratava-se de um sentimento suscitado em nós não por um objeto [...], mas por uma ideia de dever ou lei moral. Em outras palavras, a própria razão se torna fonte de emoção e seu objeto último! Obviamente, não a razão como faculdade cognitiva, mas como princípio da universalidade.[5]

Porém, argumenta Jonas, tal sentimento de *respeito* pela lei em si não nos basta para a ética demandada pelas especificidades do agir tecnológico, pois

> não existe nenhuma contradição em si na ideia de que a humanidade cesse de existir, e dessa forma também nenhuma contradição em si na ideia de que a felicidade das gerações presentes e seguintes possa ser paga com a infelicidade ou mesmo com a não existência de gerações pósteras.[6]

Portanto, no entender de Jonas, o imperativo kantiano, por sua natureza estritamente lógica, ou seja, fundada em evitar-se uma contradição entre a ação e uma lei universal, não interdita o extermínio

5 JONAS, Hans. *Ibidem*, p. 162.

6 *Ibidem*, p. 47.

nem a descaracterização da humanidade futura, possíveis efeitos da ação tecnológica.

No contexto bioético contemporâneo, o limite da fundamentação estritamente lógica, baseada na não contradição de determinados "princípios", como o da autonomia, por exemplo, pode ser ilustrado pelas discussões concernentes a alguns casos "típicos" de conflito bioético. Tomemos a crítica à ética principialista feita por Daniel Callahan,[7] no que se refere à comercialização de órgãos para transplante, mais especificamente o transplante renal.

Não há qualquer irracionalidade ou violação da autonomia individual no ato de vender-se o próprio rim, desde que haja consciência, pelo vendedor, dos riscos (relativamente pequenos) envolvidos. Mesmo o princípio da justiça não interdita a venda do órgão: afinal, a proibição poderia ser entendida como uma negação de oportunidade de renda aos mais pobres.[8]

Antes da tecnologia moderna, seria inimaginável dispor-se de partes do próprio corpo para comércio. A integridade física ou moral dos seres humanos não era ameaçada pela técnica pré-moderna, a única conhecida por Kant. Não surpreende, portanto, que o "futuro" em pauta para Kant seja incomparavelmente mais próximo do que aquele sob a influência dos poderes da técnica; além disso, refere-se a um futuro muito mais *hipotético* do que *real*:

> O imperativo categórico de Kant [...] exortava cada um de nós a ponderar sobre o que aconteceria se a máxima de sua ação atual fosse transformada em um princípio da legislação geral: a coerência

7 Bioeticista norte-americano que está entre os fundadores do Hastings Center e que, inclusive, foi o responsável por convidar Hans Jonas a integrar-se à instituição.

8 CALLAHAN, Derrick. Principlism and communitarianism. *Journal of Medical Ethics*. New York, v. 29, 2003.

> ou incoerência de uma tal generalização hipotética transforma-se na prova da minha escolha privada. Mas em nenhuma parte dessa reflexão racional se admitia qualquer probabilidade de que minha escolha privada fosse de fato lei geral, ou que pudesse de alguma maneira contribuir para tal generalização. De fato, não estamos considerando em absoluto consequências reais.[9]

O dever subjacente ao imperativo kantiano *pressupõe* a existência futura de seres humanos, e mais: subentende que eles serão ainda capazes de assentimento ao dever. Porém, um dos marcantes alvos da ação tecnológica é a suficiência para a verdade, para o juízo de valor e para a liberdade,[10] justamente os pré-requisitos do questionamento ético.[11]

Podemos, por exemplo, questionar se a psiquiatria contemporânea não tem se dedicado, em muitas situações, meramente a suprimir modos de comportamento e escolhas individuais julgadas inconvenientes, sob a chancela da neurociência e da benevolência médica. Jonas manifestou sua preocupação com o tema quando, em *O princípio responsabilidade*, escreveu:

> Libertar doentes mentais de sintomas dolorosos e perturbadores parece ser algo claramente benfazejo. Mas uma discreta transição leva do alívio do paciente – um objetivo em total consonância com a tradição

9 JONAS, Hans. *O princípio responsabilidade*, p. 48 (grifo nosso).

10 *Ibidem*, p. 80.

11 Tais limitações do imperativo kantiano apontadas por Jonas mereceram críticas. Citamos, por exemplo, as críticas de Bernard Sève, que, diferentemente de Jonas, pensa ser possível encontrar no kantismo um fundamento para a responsabilidade pela humanidade futura, pois uma das formulações do imperativo categórico é tratar a humanidade na pessoa do outro como fim e jamais apenas como meio. Ora, no entender de Sève, tal imperativo resguarda o futuro da noção ou ideia de homem. ZANCANARO, Lourenço. Singularidades e dificuldades do pensamento de Hans Jonas. *Revista Bioethikos*. São Paulo, v. 5, 2011, p. 161-170.

médica – a aliviar a sociedade da inconveniência de comportamentos individuais difíceis entre seus membros.[12]

Pode-se, no limite, abdicar da incerteza própria aos juízos humanos livres – a base da moralidade até hoje –, trocando-a pela "certeza" de comportamentos condicionados mediante intervenções neurofarmacológicas. A controvérsia que ocupa o debate sobre o chamado Transtorno de Déficit de Atenção e Hiperatividade (TDAH), polarizado entre o subdiagnóstico e a medicalização, ilustra a atualidade do tema no cenário bioético.[13]

O emprego da tecnologia biomédica na psiquiatria nos possibilita destacar outra propriedade formal que Jonas aponta na tecnologia: a ambivalência ética dos efeitos. Ou seja, mesmo ao ser empregada com intenções benevolentes – no caso, minimizar o sofrimento humano advindo de transtornos mentais – a tecnologia, justamente por sua eficiência, pode nos trazer impacto indesejável – o controle do comportamento humano. A técnica moderna promove frequentemente efeitos, em última instância, maléficos que estão inseparavelmente ligados aos próximos e pretendidos "bons" efeitos.[14]

Como já salientado, a tecnologia é empreendimento sobretudo *coletivo*. Nesse sentido, Jonas encontra outra limitação da ética kantiana: o imperativo categórico de Kant era voltado para o indivíduo[15]

---

12 JONAS, Hans. *O princípio responsabilidade*, p. 60.

13 ORTEGA, Francisco; MÜLLER, Manuela Rodrigues. Global mental health and pharmacology: the case of Attention Deficit and Hyperactivity Disorders in Brazil. *Front Sociol*, Minnesota, v. 5, 2020, p. 1-17.

14 JONAS, Hans. *Técnica, medicina e ética:* sobre a prática do princípio responsabilidade. São Paulo: Paulus, 2013, p. 52.

15 JONAS, Hans. *O princípio responsabilidade*, 2006, p. 48.

e propõe uma ética que, à semelhança da kantiana, seja imperativa. Mas seus imperativos devem ser mais adequados ao novo tipo de agir humano e voltado ao novo tipo de sujeito atuante.[16]

> Aja de modo a que os efeitos da sua ação sejam compatíveis com a permanência de uma autêntica vida humana sobre a Terra, ou
> Aja de modo a que os efeitos da sua ação não sejam destrutivos para a possibilidade futura de uma tal vida, ou
> Não ponha em perigo as condições necessárias para a conservação indefinida da humanidade sobre a Terra ou, finalmente,
> Inclua na sua escolha presente a futura integridade como um dos objetos do seu querer.

Apesar da forma imperativa, de um dever, nota-se que Jonas, diferentemente de Kant,[17] não almeja proteger a coerência de um *fazer* com as leis da razão e, sim, a existência de determinado *Ser* (no caso a humanidade e a totalidade da natureza extra-humana). Portanto, a ideia central do imperativo jonasiano é *ontológica:*

> Mas visto que o seu princípio, como no caso kantiano, não é a concordância consigo mesma de uma razão que se impõe leis do agir, ou seja, uma ideia do fazer (o qual se supõe que ocorra de uma ou outra forma), mas a ideia da existência substantiva de possíveis autores em geral, nesse caso, a ideia é ontológica, isto é, uma ideia do Ser.[18]

16 *Ibidem*, p. 47.

17 Não se deve, contudo, exagerar a oposição entre as éticas kantiana e jonasiana. Ambas as propostas éticas se assemelham por buscar fundamentação categórica, universal. Em Jonas, pode-se falar em um imperativo categórico *ontológico;* o imperativo jonasiano de que exista uma humanidade pode ser entendido como herdeiro do kantismo. LOPES, Wendell Evangelista Soares. *Hans Jonas e a diferença antropológica*. São Paulo: Edições Loyola, 2019.

18 JONAS, Hans. *O princípio responsabilidade*, p. 95.

O caráter explicitamente ontológico do imperativo jonasiano exige que a sua fundamentação teórica seja *metafísica:* o primeiro princípio de uma "ética para o futuro" não está nela própria, como doutrina do fazer, mas na metafísica, como doutrina do Ser.[19] Portanto, o dever jonasiano é, antes de tudo, um *dever-ser.* A parte II será dedicada a compreender a fundamentação metafísica (ontológica) da ética de Hans Jonas.

Por ora, salienta-se que tal dever-ser, para que seja efetivo e afete os indivíduos como sujeitos agentes, exige uma mobilização emocional. Jonas ressalta, contudo, que tal fato não é descoberta de sua ética, mas parte da essência da moralidade:

> Como toda teoria ética, uma teoria da responsabilidade deve lidar com ambos os aspectos: o fundamento racional do dever [...] e o fundamento psicológico da capacidade de influenciar a vontade. [...] Isso quer dizer que a ética tem um aspecto objetivo e outro subjetivo, aquele tratando da razão e o último da emoção.[20]
> Para que algo me atinja e me afete de modo a influenciar minha vontade, é preciso que eu seja capaz de ser influenciado por esse algo. Nosso lado emocional tem de entrar em jogo. E é da própria essência da nossa natureza moral que a nossa intelecção nos transmita um apelo que encontre uma resposta em nosso sentimento. É o sentimento de responsabilidade.[21]

Introduz-se aqui o termo central na proposta ética de Hans Jonas: a *responsabilidade,* a qual é considerada por ele tanto objetiva quanto subjetivamente. Porém, embora o aspecto objetivo da ética tenha merecido maior atenção dos filósofos, Jonas entrevê vantagens

19 JONAS, Hans. *Ibidem,* 2006, p. 95.

20 *Ibidem,* p. 157.

21 *Ibidem,* p. 156-157.

em *principiar* pela face subjetiva: "[...] há uma vantagem em começar pelo lado subjetivo, pois ele não só é um dado imanente e conhecido, como está implícito no apelo transcendente a ele dirigido".[22]

Jonas principia pelo *sentimento de responsabilidade.* Pode-se mesmo afirmar que, nesse aspecto afetivo, Jonas marca as diferenças entre o seu conceito de responsabilidade moral e a responsabilidade civil, conforme entendida no âmbito jurídico.[23] Enquanto esta última se refere a atos *já ocorridos*, baseada no estabelecimento da materialidade da causa, do dano e da culpabilidade do agente, a responsabilidade invocada por Jonas se volta ao futuro.

O sentimento – no caso, o sentimento de responsabilidade – tem uma ação antecipatória, de transcendência temporal, dirigindo-se, pois, ao futuro. Tal direcionamento futuro é mais condizente com o alcance temporal do agir tecnológico. Além disso, o sentimento de responsabilidade não é o respeito kantiano pela própria lei moral, mas algo despertado por um objeto, no caso, o Ser: "não é o próprio dever que é o objeto; não é a lei moral que motiva a ação moral, mas o apelo do bem em si no mundo, que confronta minha vontade e exige obediência".[24] Porém, trata-se aqui se um ser peculiar.

O sentimento de responsabilidade não é inspirado por algum objeto "perfeito", "atemporal", tal como o invocado pela ética judaica (o "temor de Deus"), platônica (o "eros" platônico), a *eudemonia* aristotélica, o *caritas* cristão, dentre outros. Diferentemente, o sentimento de responsabilidade mobilizado pelo imperativo jonasiano se

22 *Ibidem*, p. 158.

23 FONSECA, Lilian Simone Godoy. A aplicação da Teoria da Responsabilidade e o horizonte futuro segundo Jonas. *Anais do XVII Simpósio de Filosofia*. Brusque, Faculdade São Luiz, 2019, p. 5-18.

24 JONAS, Hans. *O princípio responsabilidade*, p. 156.

refere a um objeto *perecível*, contingente: o objeto da responsabilidade é algo perecível como tal.[25]

E, enquanto o sentimento pelo ser "perfeito" almeja a perfeição,[26] ou seja, almeja, em última instância, eliminar a diferença entre o agente imperfeito e o *summum bonum* desejado, o sentimento de responsabilidade não exige a eliminação da diferença entre "mim" e o "outro"; ao contrário, preserva a alteridade:

> [O objeto da responsabilidade] é um "outro" que tem menos chances de comigo partilhar alguma coisa, quando comparado a todos os outros objetos transcendentes da ética clássica: um outro não incomparavelmente melhor, mas como nada mais do que ele mesmo em seu próprio direito e sem que essa alteridade possa ser superada por uma aproximação minha em sua direção, ou vice-versa.[27]

Mais incisivamente, a alteridade constitui condição da responsabilidade: "Não é evidente que possa haver responsabilidade, em sentido estrito, entre dois seres absolutamente iguais (dentro de uma dada situação)".[28]

Jonas reconhece no sentimento de responsabilidade a interação de três disposições: (1) primeiramente, a disponibilidade de o agente reconhecer o bem intrínseco ao objeto (o dever-ser do objeto); (2) a disponibilidade em reconhecer o caráter perecível e in-

---

25 *Ibidem*, p. 159.

26 Nesse aspecto, a ética da responsabilidade se distingue da ética da virtude. Wendell Lopes deixa-o claro: Jonas não visa a um agir em vista da perfeição, ou do melhor, mas em vista do respeito pelo ser em sua perecibilidade ameaçada pelo poder tecnológico. LOPES, Wendell Evangelista Soares. A heurístida do temor em Hans Jonas. *Anais do XVII Simposio de Filosofia*. Brusque, Faculdade São Luiz, 2019, p. 28-43.

27 JONAS, Hans. *O princípio responsabilidade, op. cit.*, 2006, p. 159.

28 *Ibidem*, p. 169.

seguro do ser do objeto; (3) a disponibilidade em reconhecer o seu poder sobre aquele ser.

> Em primeiro lugar está o dever ser do objeto [...]. A reivindicação do objeto, de um lado, na insegurança da sua existência, e a consciência do poder, de outro, culpada da sua causalidade, unem-se no sentimento de responsabilidade afirmativa do eu ativo, que se encontra sempre intervindo no Ser das coisas.[29]

A emoção mobiliza, engaja a vontade individual: no sentimento, aquele que obriga – ou seja, o dever-ser da vida – encontra seu nexo com a vontade subjetiva.[30] Ou, dito de forma metafórica: o fenômeno do sentimento torna o coração receptível ao dever.[31] Mas, dentre as emoções básicas – amor, raiva, tristeza, alegria e medo, qual é precisamente a emoção subjacente ao sentimento de responsabilidade, segundo o filósofo?

Sem dúvida, o afeto que merece destaque na construção do sentimento de responsabilidade é o medo que, seguindo as antecipações teóricas – sempre imprecisas e incompletas – das consequências da técnica para o futuro do Ser da natureza, contribui para o reconhecimento do bem em si daquele Ser. Pois, no entender de Jonas, o reconhecimento do *malum* é infinitamente mais fácil do que o do *bonum*.[32]

> [O mal] é mais imediato, mais urgente, bem menos exposto a diferenças de opinião; acima de tudo, ele não é procurado: o mal nos impõe a sua simples presença, enquanto o bem pode ficar discretamente ali e continuar desconhecido, destituído de reflexão [...] É de se duvidar

29 JONAS, *Ibidem*, p. 167.

30 *Ibidem*, p. 167.

31 *Ibidem*, p. 183.

32 *Ibidem*, p. 71.

> que alguém, alguma vez, tenha feito o elogio da saúde sem pelo menos ter visto o espetáculo da doença, o elogio da decência sem ter encontrado a patifaria, e da paz sem conhecer a miséria da guerra.[33]

Assim, o medo se torna uma ferramenta para permitir o reconhecimento do bem existente no Ser do homem e da natureza extra-humana, tendo por fundamento as possibilidades levantadas pelo saber científico relativo aos efeitos futuros e longínquos da técnica (saber que Jonas denomina *futurologia comparativa*). Tal uso "instrumental" do medo se tornou conhecido como *heurística do medo* na teoria ética de Hans Jonas:

> O que nós não queremos, sabemos muito antes do que aquilo que queremos. Por isso, para investigar o que realmente valorizamos, a filosofia da moral tem de consultar o nosso medo antes do nosso desejo [...]; embora, portanto, a heurística do medo não seja a última palavra na busca do bem, ela é uma palavra muito útil. Sua potencialidade deveria ser plenamente utilizada, em uma área em que tão poucas palavras nos são dadas graciosamente.[34]

O medo a ser empregado heuristicamente na atribuição de valor ao Ser é peculiar. Trata-se de um medo que acompanha não um mal contemporâneo ou já experimentado pelos agentes. Diversamente, se reporta ao medo diante dos males "imaginados" pelas antecipações da futurologia comparativa:

> Mas logo se vê que esse *malum* imaginado, não sendo o meu, não produz o medo da mesma forma automática como o faz o *malum* que eu experimento e que me ameaça pessoalmente. [...] O destino imaginado dos homens futuros, para não falar daquele do planeta, que não

33 *Ibidem*, p. 71.

34 *Ibidem*, p. 71

> afeta nem a mim nem a qualquer outro que ainda esteja ligado a mim pelos laços do amor ou do convívio direto, não exerce essa mesma influência sobre o nosso ânimo; no entanto, ele o "devia" fazer, isto é, nós devíamos conceder-lhe essa influência.[35]

Estamos diante de um medo de tipo espiritual, resultado de uma atitude deliberada, que é nossa própria obra.[36] Mas não se deve entender o medo que participa da ética da responsabilidade como paralisante, mas um medo que nos convoca a proteger o objeto de nossa responsabilidade: o medo que faz parte da responsabilidade não é aquele que aconselha a não agir, mas aquele que convida a agir.[37]

Portanto, enquanto experiência *subjetiva*, a responsabilidade se dá pelo sentimento de responsabilidade por um objeto perecível que se encontra sob o poder da nossa ação; o bem em si de tal objeto é dado pelo medo de sua perda ou corrupção, diante de possibilidades ativamente imaginadas à luz das previsões científicas.

Contudo, não é justo afirmar que Jonas negligencie a fundamentação objetiva e universal de sua ética, pois, se o fizesse, não poderia, como pretende, erigir um *imperativo*. Em muitos momentos, o filósofo afirma a busca de objetividade. Em um desses momentos, transcrito abaixo, Jonas argumenta que a civilização tecnológica, pelo deslocamento dos efeitos da técnica a um futuro distante, demanda uma ética com alto grau de imparcialidade:

> Em comparação com o bem e a necessidade próximos, é mais difícil dizer como o conhecimento eventual de algo mais afastado, partilhado por poucos, poderá influenciar a ação de muitos. Mas, exatamente em função dessa influência, da qual em última análise tudo depen-

---

35 *Ibidem*, p. 72.

36 *Ibidem*, p. 72.

37 *Ibidem*, p. 351.

> de, os defensores desse saber têm de protegê-lo, em primeiro lugar, da suspeita de arbítrio. Ele não pode estar confiado à emoção; deve legitimar-se teoricamente a partir de um princípio inteligível.[38]

Ou seja, no contexto pré-tecnológico da "simultaneidade", os efeitos da ação se desenrolavam nos horizontes espacial e temporal próximos, acessíveis às inferências causais do homem comum. No entanto, os efeitos da técnica moderna se estendem a potencialmente todo o planeta e a muitas gerações futuras. Prever tais efeitos, para Jonas, torna-se um dever de toda a humanidade, embora a complexa e incerta ciência que embasa essa previsão seja do conhecimento de poucos. Sobre estes – os "especialistas" – não pode pairar suspeita de vieses subjetivos.

A busca de fundamentação objetiva é um ponto de aproximação entre a ética da responsabilidade de Jonas e a bioética principialista contemporânea. Beuauchamp e Childress, em *Principles of Biomedical Ethics,* pressupõem o que denominam "moralidade comum", que entendem como o conjunto de normas morais universalmente compartilhadas por todos os sujeitos morais, e das quais derivam os quatro princípios cardinais da bioética:

> Alguns princípios centrais, presentes em qualquer moralidade particular aceita, não são relativos a culturas, grupos ou indivíduos [...]. Nós denominamos *moralidade comum* o conjunto de normas universais compartilhadas por todas as pessoas moralmente vinculadas [...]. As normas morais centrais à ética biomédica baseiam-se na *moralidade comum.*[39]

38 *Ibidem*, p. 69.

39 "Some core tenets found in every acceptable particular morality are not relative to cultures, groups, or individuals [...]. We call the set of universal norms shared by all persons commited to morality the *common morality*" [...] Moral norms central to biomedical ethics rely on the common morality. BEAUCHAMP, Thomas; CHILDRESS, James. *Principles of biomedical ethics*. New York: Oxford University Press, 2019.

Deslocamo-nos agora à análise objetiva da responsabilidade em Jonas, ou seja, à sua *Teoria da Responsabilidade*. Tal análise revelará que a responsabilidade, conceito nuclear da ética jonasiana, traz como características marcantes:

(1) a não reciprocidade do dever;

(2) o direcionamento à totalidade de seu objeto;

(3) o direcionamento predominante ao *futuro* do objeto;

(4) o caráter contínuo e irrevogável.

A responsabilidade em pauta na ética jonasiana tem na não reciprocidade uma de suas marcas. Portanto, a responsabilidade fica excluída da contrapartida clássica entre direitos e deveres:

> Aquilo que temos de exigir do nosso princípio não pode ser obtido pela ideia tradicional de direitos e deveres – pela ideia baseada na reciprocidade –, segundo a qual o meu dever é a imagem refletida do dever alheio, que por seu turno é visto como imagem e semelhança de meu próprio dever, de modo que, uma vez estabelecidos certos direitos do outro, também se estabelece o meu dever de respeitá-los e, se possível [...], promovê-los.[40]

Afinal, como haver reciprocidade se os efeitos mais extremos da técnica recaem sobre as gerações humanas *futuras*, ainda inexistentes no momento da ação? Os homens do futuro não podem reivindicar seu direito à existência, pois a reivindicação só surge daquilo que reivindica – daquilo que, antes de tudo, é.[41] Ou seja, a responsabilidade aqui considerada tem por objeto um Ser ainda não plenamente existente e desenvolvido no momento da ação. Trata-se de um ser carente de cuidados, em formação.

40 JONAS, Hans. *O princípio responsabilidade*, p. 89.

41 *Ibidem*, p. 89.

Porém, a não reciprocidade não é sinônimo de ausência de afinidade ontológica entre o agente e o objeto de responsabilidade:

> [...] o arquétipo de toda responsabilidade é aquele do homem pelo homem. Esse primado da afinidade sujeito-objeto na relação de responsabilidade *baseia-se incontestavelmente na natureza das coisas*. Entre outros aspectos, ela significa que, por mais unilateral que seja essa relação em si e em cada situação particular, ela é reversível e inclui a possível reciprocidade. De fato, a reciprocidade está sempre presente, na medida em que, vivendo entre seres humanos, sou responsável por alguém e também sou responsabilidade de outros. Isso decorre da natureza não autárquica dos homens, e, pelo menos no que tange à *responsabilidade original dos cuidados parentais*, todos nós a experimentamos algum dia.[42]

O exposto se relaciona à busca por uma fundamentação ontológica: baseia-se incontestavelmente na natureza das coisas. Mas que coisas? A ênfase nos cuidados parentais, enquanto exemplo prototípico de responsabilidade, já aponta para o *Ser Vivo;* de fato, na sequência do texto tal opção se explicita: "Somente o Ser vivo, em sua natureza carente e sujeita a riscos – e por isso, em princípio, todos os seres vivos – pode ser objeto da responsabilidade".[43]

A fundamentação ontológica afasta a teoria ética jonasiana de modelos "artificiais" ou "parciais" de responsabilidade. Ao contrário, a responsabilidade aqui em pauta é *natural*, *contínua* e *total:* "A responsabilidade constituída pela natureza, ou a responsabilidade natural [...], não depende de aprovação prévia, sendo irrevogável e não rescindível, além de englobar a totalidade do objeto".[44]

---

42 *Ibidem*, p. 175 (grifos nossos).

43 *Ibidem*, p. 175.

44 *Ibidem*, p. 170.

É "natural" porquanto intrínseco ao que se poderia chamar de *essência* ou *natureza humana,* em Jonas; tal natureza, como ficará evidente ao se tratar da fundamentação ontológica, é sempre entendida por Jonas como *contínua* com a natureza dos demais seres vivos; para Jonas, o homem apenas é a forma mais *completa* do desenvolvimento do Ser, mas sempre em continuidade e tributária de todas as demais formas vivas. Ou seja, o homem deve seu Ser à totalidade do Ser da natureza.

Portanto, a responsabilidade por este Ser se torna irrevogável:

> A marca distintiva do Ser humano, de ser o único capaz de ter responsabilidade, significa igualmente que ele deve tê-la pelos seus semelhantes – eles próprios, potenciais sujeitos de responsabilidade –, e que realmente ele sempre a tem, de um jeito ou de outro: a faculdade para tal é a condição suficiente para a sua efetividade.[45]

A responsabilidade é "total", porque se refere a todos os aspectos do seu objeto em todos os contextos, em sua existência física e substantiva. Essa totalidade se evidencia na experiência que, para o filósofo, é arquetípica da responsabilidade – o cuidado dos filhos por seus pais:

> Para a responsabilidade parental, que do ponto de vista temporal e da sua essência constitui o arquétipo de qualquer responsabilidade (e, além disso, em minha opinião, é geneticamente a origem de toda disposição para a responsabilidade, ou seja, a sua escola fundamental), a questão da totalidade é evidente. Seu objeto é a criança como um todo e todas as suas possibilidades, e não só as carências imediatas. Naturalmente, o aspecto físico é primordial; no início, talvez só ele importe. Mas, em seguida, acrescenta-se paulatinamente tudo aquilo que entendemos por "educação" [...]. Em uma palavra: o cuidado parental

45 *Ibidem*, p. 175 (grifo nosso).

visa à pura existência da criança e, em seguida, visa a fazer da criança o melhor dos seres.[46]

Ressalta-se, no exemplo do cuidado parental, o foco no *futuro* do Ser sob responsabilidade. Note-se que o agir tecnológico se notabiliza justamente pelo deslocamento dos seus efeitos ao futuro (embora se trate de um futuro bem mais remoto do que aquele do horizonte parental).

Destaca-se, também, a importância do nexo causal para que a responsabilidade se estabeleça, uma vez que ela se refere primordialmente ao ser cuja alteridade e fragilidade são reconhecidas pelo agente, e que está sob o alcance do poder causal deste último: o poder causal é, pois, condição da responsabilidade.[47] Jonas, claro, pensa mais exatamente no poder da técnica moderna e na existência futura material e espiritual da totalidade da *vida* humana e extra-humana.

Em suma, a responsabilidade mobilizada por Jonas em sua ética tem por objeto o ser vivo, que está ao alcance do poder do agir tecnológico e tomado na totalidade e singularidade de sua existência perecível. Essa responsabilidade é contínua e irrevogável, e pressupõe o assentimento ao bem imanente ao ser. O referido assentimento depende, também, de uma afinidade ontológica entre sujeito e objeto, porquanto ambos são seres vivos.

No contexto do interesse pela responsabilidade profissional médica, a essa altura, perguntamos: em que medida tal responsabilidade se aproxima da responsabilidade moral jonasiana? E como se distingue dela?

46 *Ibidem*, p. 180.

47 *Ibidem*, p. 165.

Enquanto ser vivo e, portanto, existencialmente vulnerável e contingente, o paciente se qualifica como objeto de responsabilidade. A experiência de adoecer, especialmente em suas variantes mais extremas, porquanto traz consigo a perspectiva da morte, torna mais notável aquela vulnerabilidade, bem como a autoafirmação da vida.

No ser humano, a interioridade subjetiva, o autointeresse – cuja expressão nos organismos mais primitivos se restringe ao metabolismo – torna-se consciente. Nas narrativas dos doentes, a experiência de adoecer, da frustração dos interesses da interioridade subjetiva, desponta como "desalojamento", como não "sentir-se em casa" no mundo (*unhomelikeness*).[48]

Ora, a integração a um "mundo" é, como será visualizado no estudo da biologia filosófica de Jonas, um dos modos existenciais básicos da vida. Ao necessitar do seu entorno, mais especificamente da matéria externa, o organismo está sempre aberto ao exterior e é capaz de experiência (propriedade da transcendência do ser vivo). Por meio da experiência, possui o "mundo".[49] A doença, ao promover um estranhamento entre indivíduo e mundo, desestrutura, portanto, um dos traços mais marcantes do modo de ser orgânico.

Mas seria a responsabilidade profissional médica *natural, total, contínua* e *irrevogável*?

A situação *arquetípica* de responsabilidade, mencionada por Jonas em *O princípio responsabilidade*, é a relação de cuidado parental. Dentre as propriedades destacadas pelo filósofo na referida relação,

---

48 SVENAEUS, Fredrik. *The Hermeneutics of Medicine and the Phenomenology of Health:* steps towards a philosophy of medical practice. Dordrecht: Kluwer Academic Publishers, 2000.

49 JONAS, Hans. *O princípio vida:* fundamentos para uma biologia filosófica. Trad. de Carlos Almeida Pereira. Petrópolis: Vozes, 2004, p. 108.

destacam-se o caráter "natural" do vínculo, a assimetria de poder e saber entre pai e recém-nascido, bem como o processo educacional, cuja finalidade é a formação do indivíduo adulto. Por "natural", Jonas entende a natureza *ontológica* da responsabilidade aqui implicada: refere-se a uma situação na qual o "existe" e o "deve-se" coincidem: "o recém-nascido, cujo simples respirar exige um dever irrefutável ao entorno, o de dele cuidar".[50]

Similaridades foram apontadas entre a relação parental e a relação médico-paciente.[51] Nesta também se encontram assimetrias de poder e saber: de um lado, o paciente, cuja autonomia individual é limitada pelo adoecer; de outro, o médico, detentor do poder e saber capazes de eliminar ou minimizar aquela limitação. As responsabilidades parental e médica têm em comum também a circunscrição temporal: enquanto a responsabilidade parental "termina" com a "maioridade" do filho, a responsabilidade médica cessaria com o final do tratamento:

> [...] recorrendo ao exemplo mais frequente de uma responsabilidade que é a um só tempo muito grande, mas bem delimitada: a responsabilidade do médico, que começa com o tratamento, a mitigação do sofrimento e o prolongamento da vida do paciente. Não lhe interessam os outros prazeres que têm significado para aquela vida que ele salvou; sua responsabilidade termina com o fim do tratamento.[52]

Como sugerido no trecho acima, a responsabilidade médica também se diferencia da parental pela circunscrição do seu escopo, ou seja, por não abranger a totalidade existencial do paciente, mas

50 JONAS, Hans. *O princípio responsabilidade*, p. 220.

51 RODRÍGUEZ, Francisco Quesada. *La bioética de la responsabilidad según Hans Jonas*. Madrid: Universidad Pontificia Comillas, 2018, p. 234-235.

52 JONAS, *O princípio responsabilidade*, p. 185.

apenas os aspectos relacionados ao "tratamento". Porém, continuaria essa análise válida para a medicina tecnológica?

Decerto que não, dado o deslocamento futuro dos efeitos da tecnologia biomédica. No contexto tecnológico, a atuação médica sofreu alterações qualitativas e quantitativas que modificaram a responsabilidade médica. Por ser a tecnologia biomédica empreendimento coletivo – mantido por iniciativas coletivas e com efeitos coletivos, portanto – a atuação médica passa a abranger mais marcadamente o interesse público e a incluir a saúde da *humanidade* entre seus objetivos. O próprio Jonas reconheceu isso, ao escrever em *Técnica, medicina e ética*:

> [...] nossa imagem inicial era a da relação singular entre médico e paciente, como se estivessem a sós no mundo, uma ficção que só expressa a obrigação terapêutica primária do médico, mas não toda a sua obrigação. O plural sempre o acompanha. Pois o médico é também comissionado da sociedade e servidor da saúde pública.[53]

A ampliação no sentido da coletividade é exemplificada mais claramente por atuações médicas como a prevenção de doenças (dentre as quais, as infectocontagiosas são paradigmáticas), o controle de natalidade e o prolongamento artificial da vida. Contudo, mesmo o cuidado à saúde individual, ao demandar recursos tecnológicos dispendiosos econômica e ambientalmente, põe em cena a esfera pública, arena na qual são definidas as prioridades de alocação dos sempre limitados recursos materiais.[54]

---

53 JONAS, Hans. *Técnica, medicina e ética:* sobre a prática do princípio responsabilidade. São Paulo: Editora Paulus, 2013, p. 162.

54 *Ibidem*, p. 167.

Na esfera coletiva, observa-se também o maior alcance temporal da atuação médica, muito além de uma responsabilidade que "termina com o fim do tratamento" do paciente singular. Ilustram-no as intervenções para controle da natalidade e do prolongamento da vida, cujos impactos demográficos se farão sentir a longo prazo.

Porém, as transformações da atuação médica, no contexto tecnológico não se restringiram ao movimento do individual para o coletivo, e do presente para o futuro. Houve, também, transformações nos pressupostos metodológicos e no *telos* da profissão médica.

A medicina, ao menos desde Hipócrates, tem sido uma *techne* em íntima relação com a ciência que a fundamenta.[55] Como toda ciência, possui pressupostos metafísicos que orientam seus métodos. A ciência moderna, que embasa a tecnologia biomédica, considera eticamente neutros – ou seja, destituídos de valor em si – seus objetos de estudo e manipulação. Porém, a neutralidade ética é incompatível com a atuação médica, pois seu objetivo de atuação está previamente definido pela "natureza": a saúde de uma pessoa e da humanidade.

Por isso, Jonas afirma que a medicina nunca foi desprovida de fins e valores.[56] Entretanto, algumas atrocidades no século XX – os "experimentos" sob o Nacional-Socialismo alemão e o caso Tuskegee, por exemplo – ilustram como o agir tecnológico pode desconsiderar a dignidade da pessoa humana.

Os novos poderes da técnica moderna biomédica atingiram resultados e possibilidades que estenderam o escopo da atuação profissional do médico para territórios distintos do ideal de *cura*. Para citar alguns, pode-se mencionar a cirurgia plástica estética

---

55 *Ibidem*, p. 156.

56 *Ibidem*, p. 157.

e os vários procedimentos otimizadores de desempenho físico e cognitivo, muitas vezes englobados sob o termo *enhancement*. Esses "novos" objetivos da medicina em muito diferem do paradigma da cura, no qual o médico era visto como "ajudante da natureza": *medicus curat, natura sanat.*[57] Portanto, no contexto da tecnologia, os poderes do agir médico se modificaram tão substancialmente que a ética médica tradicional se tornou insuficiente para compreender e nortear aqueles poderes. A este ponto, é possível afirmar, ao lado de Francisco Quesada Rodríguez: "A ciência e a tecnologia impuseram, com o passar dos séculos, uma responsabilidade maior à digna profissão médica, da qual a deliberação ética não pode simplesmente escapar".[58]

Embora, como já dito, Jonas tenha escolhido a biomedicina como oportunidade privilegiada para aplicação de sua teoria ética, é necessário compreender que os interesses dele iam muito além de uma "ética médica". Caso haja interesse em compreender a originalidade da contribuição jonasiana para a ética – para a ética médica inclusive – é inevitável uma incursão pela biologia e antropologia filosófica.

Em verdade, Jonas realizou verdadeira exegese da filosofia ocidental e não se furtou à fundamentação metafísica, distanciando-se da tradição positivista, utilitarista e pragmatista que tem norteado a bioética contemporânea.[59] E o fez com os novos poderes da técni-

---

57 *Ibidem*, p. 159.

58 "[...] la ciencia y la tecnologia han impuesto com los siglos una responsabilidade mayor a la digna profesión médica, lo cual no puede ser simplemente evadida em la deliberación ética." RODRÍGUEZ, Francisco Quesada. *La bioética de la responsabilidad según Hans Jonas*, p. 233.

59 RODRÍGUEZ, Francisco Quesada. *La bioética de la responsabilidad según Hans Jonas*, p. 235.

ca moderna em mente, atento às demandas de responsabilidade por parte daqueles poderes.

Mas o poder causal que subjaz à responsabilidade precisa ser ainda mais bem especificado. Afinal, o poder como força final e causal não é exclusividade humana, mas, sim, ubíquo aos seres vivos: grande é o poder de tigres e elefantes, maior o dos cupins e gafanhotos, maior ainda o das bactérias e vírus.[60] Pode-se dizer que, no contexto da vida não humana, estamos diante de um "dever" imanente ao Ser da natureza, que se cumpre sem escolha *consciente*, sem arbítrio. Quando, posteriormente, analisar-se a biologia filosófica de Jonas, será entendido como o filósofo reconhece o *dever ser* como um dos traços existenciais da *vida*, inclusive em suas formas destituídas de consciência subjetiva.

Por ora, pretende-se destacar que a responsabilidade – capacidade distintiva do ser humano – decorre de um poder singular, resultado da articulação entre *causalidade, saber e liberdade*. Por isso, apenas no homem o poder transcende o Ser, destacando-se dele, e eventualmente o ameaça. Para o homem, o *dever* é exercido a partir da *vontade*,[61] como autocontrole do poder causal, mediado pelo saber.[62]

---

60 JONAS, Hans. *O princípio responsabilidade*, p. 216.

61 A relação entre vontade e dever nos mostra a imbricação entre elementos racionais e afetivos/sensoriais que caracteriza a responsabilidade jonasiana e, portanto, a distinção entre componentes "objetivos" e "subjetivos" da ética deve ser suavizada. Afinal, o emprego heurístico do medo implica no recurso a um afeto, fenômeno tradicionalmente relacionado à sensibilidade corporal. Mas se trata de um afeto mobilizado ativamente para construir um repertório de situações ameaçadoras consideradas *cientificamente* possíveis. Moratalla descreve metaforicamente a heurística do medo jonasiana como "o laboratório do possível". Tão íntima é a articulação dos elementos sensoriais (emocionais) e racionais que a responsabilidade, em Jonas, implica no abandono da dicotomia intelecto-sensibilidade; fica patente a concepção de um todo orgânico, no qual a dualidade psicofísica perde sentido. LOPES, Wendell Evangelista Soares. A heurística do temor em Hans Jonas. *Anais do XVII Simpósio de Filosofia*. Brusque, Faculdade São Luiz, 2019, p. 28-43.

62 JONAS, Hans. O princípio responsabilidade, p. 216-217.

De fato, o *dever* é fundamento de qualquer ética imperativa, como a jonasiana. No caso, pela natureza ontológica do imperativo, mais exatamente se trata de um *dever ser.* Então, ao termos analisado a responsabilidade, afirmamos que o sentimento de responsabilidade pressupunha uma disponibilidade a reconhecer o "bem intrínseco ao seu objeto".[63]

Tal afirmação é análoga àquela outra constatação de que o primeiro princípio de uma "ética para o futuro" não está nela própria, mas na metafísica, como doutrina do Ser.[64] Ou em outras palavras: "Mas em todas as discussões anteriores supusemos implicitamente, sem comprovação, que somos de modo geral responsáveis. O princípio da responsabilidade de modo geral – o início da ética – ainda não foi demonstrado".[65]

A seguir, o foco será compreender como Jonas preenche tal lacuna argumentativa, por meio da fundamentação metafísica e ontológica.

63 *Ibidem*, p. 26.

64 *Ibidem*, p. 95.

65 *Ibidem*, p. 88.

PARTE II – AS BASES METAFÍSICAS DA ÉTICA JONASIANA

A necessidade de uma teoria metafísica – doutrinas do ser e do valor

Como exposto anteriormente, Jonas entende que a responsabilidade demandada pelo agir tecnológico tem a forma de um imperativo, cujo objeto é a totalidade do Ser. Portanto, o embasamento desse imperativo se dá, forçosamente, em terreno ontológico-metafísico.

Contudo, o filósofo não considera que o embasamento metafísico seja necessidade exclusiva de uma "ética para o futuro". Ao contrário, entende que toda teoria ética possua pressupostos metafísicos: "Em qualquer outra ética, mesmo naquela mais utilitária, mais eudemonista e mais imanente, também se esconde implicitamente uma metafísica".[1]

A peculiaridade do imperativo jonasiano a esse respeito é que a sua natureza explicitamente ontológica demanda a abordagem metafísica direta – a metafísica nele presente não pode permanecer oculta, tendo de vir à luz.[2]

---

1 JONAS, Hans. *O princípio responsabilidade:* ensaio de uma ética para a civilização tecnológica. Rio de Janeiro: Contraponto, 2006, p. 96.

2 *Ibidem*, p. 96.

Como já comentado, no contexto secular em que nos encontramos – o da civilização tecnológica – não dispomos da religião, do sagrado, como embasamento metafísico. Portanto, como diz Paolo Becchi, Jonas tenta recuperar a metafísica, mantendo-a separada da religião.[3] O filósofo, porém, está ciente das limitações para a segurança argumentativa advindas dessa opção:

> Mas o novo imperativo diz que podemos arriscar a nossa própria vida, mas não a da humanidade [...]; que nós não temos o direito de escolher a não existência de futuras gerações em função da existência da atual, ou mesmo de colocá-las em risco. Não é fácil justificar teoricamente – e, talvez, sem religião, seja mesmo impossível – por que não temos tal direito.[4]

Embora o filósofo reconheça que a metafísica imanente e destituída de fundamentação religiosa alcance, em última instância, conclusões especulativas, não considera que a negação metafísica subentendida pela ciência moderna nos deixe em melhores condições: "Não podemos nos poupar da ousada incursão na ontologia, mesmo se o terreno que alcançamos [...] permaneça eternamente suspenso sobre o abismo do incognoscível".[5]

Jonas mostra que a ciência moderna adotou um conceito de Ser bastante restrito – definiu o Ser como *destituído de valor:* "[...] é uma afirmação sobre o objeto do conhecimento mesmo: ele é por

---

3 BECCHI, Paolo. *O princípio da dignidade humana*. Trad. Ubenai Lacerda, Aparecida: Editora Santuário, 2013.

4 Essa confissão de insuficiência *teórica* forneceu argumentos para que alguns autores, por exemplo, Bernard Sève, declarassem o insucesso da fundamentação metafísica jonasiana. ZANCANARO, Lourenço. Singularidades e dificuldades do pensamento de Hans Jonas. *Revista Bioethikos*. São Paulo, v. 5, 2011, p. 164.

5 JONAS, Hans. *O princípio responsabilidade*, p. 96.

si mesmo, em seu próprio sentido, neutro perante os valores, é 'livre de valores' ou é indiferente a eles, e como tal tem de vê-lo a ciência".[6]

Ora, pressupor que apenas objetos isentos de valor sejam passíveis de conhecimento – o ponto de partida da ciência moderna – é uma afirmação ontológica, ou seja, metafísica: a separação entre o Ser e o dever já reflete determinada metafísica.[7]

Foram introduzidos os termos *valor* e *dever* sem maiores considerações teóricas. Porém, esse salto levaria a uma inconsistência inaceitável. O próprio Jonas compreendeu a importância de uma *teoria do valor* para seu empreendimento ético, e a ela dedicou grande parte do capítulo III de *O princípio responsabilidade*. Pretende-se acompanhar o filósofo em sua resposta a duas questões: o que é o valor? qual a relevância de uma teoria do valor para uma ética do futuro?

Jonas principiou a tarefa teórica pela clássica pergunta de Leibniz: Por que existe algo e não o nada? O filósofo argumenta que tal questão se torna aporética enquanto indagação pela *autoria* ou *criação* da totalidade do *Ser*. E mais, se tomada neste sentido, só pode ser respondida com o auxílio de uma fé religiosa, algo que contraria os pressupostos da ética [secular] que buscamos. Ao contrário, se entendida em sentido *teleológico,* ou seja, como indagação pela finalidade imanente ao *Ser,* explicita-se o sentido originário da pergunta leibniziana:

> Retornando novamente ao *porquê* presente na célebre pergunta [...] "por que há algo?", havíamos concluído que compreendê-la no sentido de uma proveniência causal tornava a questão absurda para o Ser em sua totalidade, mas a sua compreensão no sentido de uma norma

6 JONAS, Hans. *Técnica, medicina e ética: sobre a prática do princípio responsabilidade.* São Paulo: Editora Paulus, 2013, p. 92.

7 JONAS, *O princípio responsabilidade,* 2006, p. 95.

justificadora ("vale a pena existir?") lhe empresta sentido e, simultaneamente, a libera de qualquer relação com um autor, e com isso com a religião.[8]

Assim, Jonas propõe uma vinculação teórica originária entre o Ser e o valor, no sentido de "ter finalidade". Afinal, o valor é a única coisa cuja simples possibilidade reivindica imediatamente sua existência (ou, caso já exista, reivindica legitimamente a continuação de sua existência) – e, portanto, justifica uma reivindicação pelo Ser; a simples atribuição de valor ao que existe já decide sobre a primazia do Ser sobre o nada, pois a este é impossível atribuir algo, seja valor ou não valor.[9] Ou então, mais explicitamente:

> A busca de finalidades [...] deveria ser encarada como uma autoafirmação fundamental do Ser, que se coloca em termos absolutos como sendo melhor que o não Ser [...]. A primeira coisa que podemos aprender de um Ser, na medida em que apresente finalidades, é que ele está envolvido com algo – pelo menos, consigo próprio. [...] O Ser mostra na finalidade a sua razão de ser.[10]

Mas, exatamente, por que o *valor* importa à ética jonasiana? Para tanto, retoma-se o imperativo ético de Jonas: "Aja de modo a que os efeitos da sua ação sejam compatíveis com a permanência de uma autêntica vida humana sobre a Terra". Um imperativo subentende um *dever*, ou seja, a fundamentação de um *bem imanente ao Ser, objetivo* e, portanto, passível de assentimento por todo e qualquer sujeito capaz de juízo moral. Assim, o filósofo esclarece: "Do ponto de vista linguístico, 'o bem', comparado com o valor, tem a dignidade

8 *Ibidem*, p. 102.

9 *Ibidem*, p. 102.

10 *Ibidem*, p. 151.

de uma coisa em si. Inclinamo-nos a compreendê-lo como algo independente do nosso desejo e da nossa opinião".[11]

O dever subentende, pois, que o bem em si de um ser, ou seja, o valor imanente e a finalidade manifesta por tal ser, se torne também finalidade para o sujeito moral cujo poder causal possa se contrapor àquela finalidade.

O imperativo jonasiano nos incumbe da tarefa metafísica de justificar *racionalmente* por que os homens do futuro importam, à medida que nos mostra que "o homem" importa.[12] Estamos diante da tríplice exigência de fundar *objetiva e positivamente:* (1) o valor dos "homens", ou seja, da presença física futura de seres humanos individuais; (2) o valor d*o* "homem", isto é, da existência futura de homens capazes de "verdade, julgamento de valor e de liberdade"; (3) o valor da presença futura de homens e humanidade *em coexistência com a vida não humana,* visto que a expressão "vida humana sobre a Terra" subentende que a existência humana ocorra sob as peculiares condições de interação com os demais seres vivos vigentes no planeta.

Consequentemente, em termos metafísicos, o imperativo ético de Hans Jonas demanda, primeiramente, que se reconheça a existência de finalidades imanentes à totalidade do Ser; em segundo lugar, que se compreenda serem tais finalidades comuns às esferas humana e extra-humana. Considerando essa coincidência de finalidades, poder-se-á fundar, em relação à totalidade do Ser da natureza humana e extra-humana, um dever para os agentes morais detentores do poder da técnica moderna.

Em última instância, Jonas busca uma metafísica alternativa àquela subentendida pela ciência moderna, que toma fins e valores

11 *Ibidem*, p. 154.

12 *Ibidem*, p. 96.

como exclusivos à *consciência subjetiva humana*, sendo toda a natureza extra-humana reduzida à "matéria" inconsciente e, portanto, isenta de finalidades e valores.

Em outros termos, a metafísica materialista exclui qualquer teleologia do âmbito do Ser. Mais exatamente, pressupõe um Ser cindido em dois compartimentos: de um lado, os seres portadores de consciência subjetiva (ou seja, os humanos) e capazes de estabelecer finalidades; de outro, a maioria de seres desprovidos de consciência e mesmo as "funções involuntárias" daqueles seres conscientes (por exemplo, funções do aparelho digestório ou do coração nos humanos).

Jonas reconheceu que o fenômeno da vida, mais precisamente o *organismo* vivo, representa o ponto privilegiado para uma desconstrução da metafísica materialista moderna, pois,

> o fato da vida como unidade de corpo e alma, tal como se encontra presente no organismo, torna a separação ilusória [...]. Ele [o organismo vivo] terá que ser descrito tanto como sendo extenso e inerte, como também tendo sensação e vontade.[13]

Por exemplo, a crítica de Jonas à definição de morte cerebral, em seu célebre ensaio *Against the stream*, teve como um dos argumentos a ignorância dos cientistas quanto à unidade psicofísica que caracteriza o organismo.[14]

No próximo capítulo será analisado como, por meio de uma fenomenologia da vida, ou de uma *biologia filosófica*, torna-se possível expor as insuficiências da metafísica materialista moderna e, por conseguinte, remover o grande obstáculo à fundamentação de uma ética para a civilização tecnológica.

---

13 JONAS, Hans. *O princípio vida:* fundamentos para uma biologia filosófica. Trad. de Carlos Almeida Pereira. Petrópolis: Vozes, 2004, p. 27.

14 JONAS, Hans. *Técnica, medicina e ética*, 2013, p. 246.

A crítica jonasiana ao materialismo (pós-dualista) moderno

Jonas explicita os pressupostos metafísicos da ciência moderna com base em dois pontos de iluminação: (1) o contraste com metafísicas anteriores (vitalista e dualista); (2) a insuficiência da metafísica materialista para compreender o fenômeno da vida.

As primeiras concepções do Ser o tomavam como ser *vivo*:

> Para os primórdios da interpretação humana do ser, a vida se encontrava por toda parte, e o ser confundia-se com o ser vivo [...]. A matéria "pura", isto é, matéria "morta", não fora ainda descoberta – já que esta suposição, hoje tão familiar a todos, nada possui de evidente".[1]

Sob tal pressuposto *panvitalista* – aquele mais intuitivo e óbvio para um ser vivo como o homem – a vida é a regra, e a morte, a exceção a ser explicada. De fato, as preocupações metafísicas centrais para o ser humano primitivo eram as explicações relativas à morte:

---

1 JONAS, Hans. *O princípio vida:* fundamentos para uma biologia filosófica. Trad. de Carlos Almeida Pereira. Petrópolis: Vozes, 2004, p. 17.

toda a reflexão do ser humano primitivo luta contra o enigma da morte, tentando dar-lhe uma resposta fundamentada no mito, no culto e na religião.[2]

O momento da morte, enquanto instância problemática, ou seja, como exceção à regra (que é a vida), ao revelar a contradição entre um ser até então vivo e que, ao se tornar cadáver, decompõe-se, assimilando-se à matéria inerte, ensejou o desenvolvimento das metafísicas *dualistas*.[3] Jonas sugere que o primeiro exemplo de metafísica dualista seja a órfica, que encontrou no corpo (*soma*) o túmulo (*sema*) da "alma".

Pela primeira vez, o Ser se via cindido em duas esferas: de um lado, a matéria inanimada (tendo o cadáver como paradigma), de outro, uma instância imaterial ou espiritual. O dualismo talvez tenha alcançado seu desenvolvimento mais extremo na chamada metafísica gnóstica, que foi alvo dos primeiros estudos sistemáticos de Jonas, muito antes do interesse do filósofo por ontologia da vida ou pela ética da civilização tecnológica. Na concepção gnóstica, não apenas o corpo, mas todo o cosmos se torna o "túmulo" da alma.

Para ele, o dualismo esteve entre os acontecimentos decisivos da história intelectual da humanidade.[4] O aspecto "decisivo" do dualismo foi haver ele possibilitado a concepção de uma "natureza" inanimada, desvitalizada e distinta da "alma humana". De um lado, o ser humano, possuidor de espírito e, portanto, capaz de individualidade,

---

2 *Ibidem*, p. 18.

3 Um dos elementos que podem ser observados na origem e na história do dualismo é, sem dúvida alguma, o tema da morte. O "ao pó hás de tornar", esta expressão que todo cadáver proclama aos vivos, o caráter definitivo do estado que a decomposição opõe ao efêmero da vida, de início e sempre de novo tinha que impor ao recalcitrante olhar humano à "matéria" como matéria pura e sem vida. *Ibidem*, p. 22.

4 *Ibidem*, p. 22.

liberdade e de estabelecer valores; de outro, os demais seres, totalmente destituídos daqueles atributos.

A secularização que se explicitou no Renascimento tornou problemática uma metafísica explicitamente dualista, porquanto perdeu prestígio o sagrado e também a crença numa instância imaterial transcendente. E a experiência cotidiana também soma fileiras contra o dualismo, afirmando o *materialismo*.[5]

---

5 Dada a sua longa tradição filosófica, o termo *materialismo* exige melhor qualificação, em nome da precisão conceitual. Ferrater Mora entende que todas as doutrinas materialistas pressuponham ser o real constituído por "corpos materiais". Pressupõe-se aqui a matéria não como mera indeterminação ou substrato de transformações, ou seja, não a matéria participante do binômio metafísico matéria-forma, tal como na filosofia aristotélica e escolástica. Os corpos materiais são *eles mesmos* fundamento da realidade e causa das transformações. Nesse sentido, podemos encontrar doutrinas materialistas desde o sistema indiano *Chārvāka,* no atomista Demócrito, em Lucrécio e Epicuro. Entretanto, a partir desse núcleo conceitual comum, várias são as acepções do termo *materialismo:* (1) materialismo epistemológico: pressupõe estar o conhecimento limitado ao material; (2) materialismo hilozoísta: trata-se de um panvitalismo, no qual a matéria é animada; (3) materialismo mecanicista: pressupõe ser a realidade redutível a um modelo mecânico de interação direta entre corpos extensos; (4) materialismo como *doutrina* ou como *método*: no primeiro caso, se considera a realidade como redutível a corpos materiais; no segundo, o materialismo é apenas pressuposto metodológico, conforme empregado pelas "ciências naturais"; (5) materialismo histórico: a pressuposição de que as condições materiais da existência humana sejam o fundamento das mudanças sociais e históricas; (6) materialismo dialético: entende a realidade material como "processo", como resultado do conflito de "contrários". O materialismo eleito por Jonas como "rival" metafísico é aquele tipicamente moderno, relacionado à concepção "científico-natural" de matéria. Tal materialismo concebe a matéria como "una" e impenetrável, e a "lei da conservação da matéria" torna-se seu pressuposto fundamental. Esse materialismo moderno possui, como salienta Jonas, natureza pós-dualista, ou seja, pressupõe a dualidade corpo-espírito, *res cogitans – res extensa,* e afirma-se sempre em oposição ao *idealismo* ou *espiritualismo.* Jonas contrapõe-se sobretudo ao materialismo na acepção *metafísica,* mas reconhece o valor epistemológico do materialismo enquanto método da ciência moderna. FERRATER MORA, José. *Dicionário de Filosofia.* São Paulo: Ed. Loyola, 2000, p. 1892-1905.

> Lembremo-nos então daquilo que, empiricamente, talvez deva ser considerado o mais forte argumento do materialismo: em conformidade com toda experiência humana, existe matéria sem espírito, mas não espírito sem matéria; não se conhece qualquer exemplo de espírito incorpóreo.[6]

Porém, o materialismo que se consolida na modernidade é apenas, superficialmente, um monismo da matéria inanimada. Jonas enfatiza que as duas propostas metafísicas de superação do dualismo – o materialismo e o idealismo modernos – são antes alternativas *pós-dualistas*, ou seja, geradas pela negação da alternativa oposta, não constituindo sistemas integrais legitimamente monistas:

> A descoberta das esferas próprias de espírito e matéria, que rompeu com o panvitalismo do ser humano primitivo, criou *para sempre* uma situação teórica nova; [...] a consideração pós-dualista do ser ocupa-se, inevitavelmente, de duas peças deixadas pelo dualismo, diante das quais só consegue ser monista ao preço de uma escolha ontológica entre os dois [espírito ou matéria].[7]

Logo, após haver abraçado o dualismo, o Ocidente nunca o abandona totalmente. Os seus dois sucessores não são verdadeiros monismos, visto que revelam suas insuficiências teóricas: o materialismo se mostra incapaz de explicar a subjetividade; o idealismo, por sua vez, encontra seu limite na realidade corpórea, e oculta tal incompletude no obscuro conceito de "coisa em si".

Assim, por exemplo, o materialismo nega à subjetividade seu poder causal, relegando-a ao *status* de epifenômeno, de uma mani-

---

JONAS, Hans. *O princípio responsabilidade:* ensaio de uma ética para a civilização tecnológica. Rio de Janeiro: Contraponto, 2006, p. 136-137.

6 *Ibidem*, p. 131.

7 JONAS, Hans. *O princípio vida*, p. 25 (grifo nosso).

festação colateral e supérflua da estrutura neural.[8] Em contrapartida, o idealismo, ao negar a corporalidade, nega a alteridade, nega um ser que seja distinto do "eu", de forma que todo idealismo coerente, em última análise, não pode deixar de levar ao solipsismo.[9]

Ao ignorar o elemento corpóreo, o idealismo ignora o organismo e evita o fenômeno da vida. Mas o solipsismo a que nos conduz o idealismo é apenas um truque do pensamento, não contendo seriedade como ponto de vista ontológico – ele chega mesmo a ser a negação de toda ontologia.[10] Sendo assim, em sua ontologia da vida, Jonas considera muito mais frutífera a crítica à metafísica materialista, porque esta se expõe mais ao escrutínio ontológico:

> [...] a variante do materialismo é manifestamente a mais interessante e mais séria da ontologia moderna, em comparação ao idealismo, isto é, oferece ocasião a si próprio para deparar-se com seu limite: permite que o problema ontológico apareça.[11]

Por tais razões, o filósofo afirma que o materialismo é a ontologia real de nosso mundo desde o Renascimento.[12]

Jonas entende o materialismo como "ontologia da morte". Como tal se justifica? A resposta jonasiana se vincula ao *status* pós-dualista do materialismo.[13] O dualismo, ao distinguir "corpo" e

---

8 JONAS, Hans. On the power or impotence of subjectivity. In: SPICKER, S. F.; ENGELHARDT JR., H. T. (Eds.). *Philosophical Dimensions of the Neuro-Medical Sciences.* Springer, 1975, p. 143-161.

9 JONAS, Hans. *O princípio vida*, p. 29.

10 *Ibidem*, p. 29.

11 *Ibidem*, p. 29.

12 *Ibidem*, p. 29.

13 A incompatibilidade do dualismo com o fenômeno da vida fica evidente quando notamos que uma metafísica *monista* como a de Spinoza explica muito mais satisfatoriamente os modos de ser do organismo. Jonas, no ensaio *"Spinoza e a teoria do organismo"*,

"alma", tornou possível a concepção de uma matéria sem vida, algo impensável no contexto panvitalista precedente. A principiar pelo orfismo – que concebeu o corpo como "túmulo da alma" – seguiu-se a gnose – que destituiu todo o universo físico de racionalidade e espiritualidade – e, então, a metafísica judaico-cristã, que concebeu uma natureza criada, inteligível, mas não inteligente.[14] Abriu-se, assim, caminho para que a natureza fosse expurgada de quaisquer modos de ser próprios à vida.

Mas, que modos são esses?

Talvez o ensaio de Hans Jonas "Deus é um matemático? Sobre o sentido do metabolismo", um dos que integram o *Princípio vida,* seja um dos mais relevantes para apreendermos a compreensão jonasiana das peculiaridades ontológicas da vida e como, na visão do filósofo, tais peculiaridades são ignoradas pela metafísica materialista.

No referido ensaio, Jonas parte da afirmação do astrônomo inglês James Jeans: "Pelo testemunho imanente de sua criação, o grande arquiteto do universo começa a revelar-se hoje como um matemáti-

---

mostrou o quanto Spinoza em sua ética se aproximou muito mais de uma filosofia do organismo do que o dualista Descartes. JONAS, Hans. *Ensaios filosóficos:* da crença antiga ao homem tecnológico. Trad. de Wendell Evangelista Soares Lopes. São Paulo: Paulus, 2017, p. 325-350.

14 "O mundo criado do *Gênesis* não é Deus, nem deve ser venerado em lugar de Deus. Ele também não tem uma alma própria que explique sua atividade e sua ordem, simplesmente ele é criado, em nenhum sentido é criador [...]. De fato, a alma humana é o único ser no mundo – mas não do mundo – que foi criado por Deus [...] ao passo que céus e terra, e todo o seu exército, são obras de suas mãos, e não sua imagem. A natureza, criada do nada, carece de espírito e executa cegamente a vontade de Deus, por quem unicamente ela subsiste. Desta forma, se tornou metafisicamente possível a ideia de uma natureza sem espírito, ou 'cega', que não obstante comporta-se com lei – isto é, contém uma ordem inteligível sem que possua entendimento". JONAS, *O princípio da vida,* p. 93-94.

co puro".[15] Em seu percurso argumentativo, Jonas disseca os sentidos dos termos da afirmação de Jeans. Principia por explicitar o sentido de "matemática pura", revelando que ela pressupõe a moderna ênfase na álgebra e não mais nas estáticas aritmética e geometria euclidiana, porquanto aquela se revela muito mais adequada à expressão de "leis" descritoras do *devir*. O devir, em sentido jonasiano, difere da simples mudança em sentido antigo, clássico, o qual se referia a transformações sempre inseridas no contexto de um cosmos, ou seja, em um todo organizado que se preserva.

A noção de devir, diferentemente, subentende um *processo* dinâmico e ausência de objetivos; os resultados alcançados são fruto da interação entre corpos elementares eles mesmos "cegos", e aqueles resultados não são mais um "todo permanente", e, sim, consequência casual e temporária. Contudo, cada um desses "desfechos" aleatórios e efêmeros se torna limitador das possibilidades, das opções disponíveis à atuação das leis da natureza. Tal limitação ou "afunilamento" confere a *aparência* de teleologia ao devir:

> O que aconteceu no passado passa a ser lei para o que acontecerá no futuro [...]. Com efeito, como o processo se repete em cada nova seleção dessas ocasiões, elas próprias já resultado da seleção, por um lado, as condições de componibilidade passam a ser com rigor cada vez mais definidas pelo todo; com isso, o mecanismo de seleção se torna cada vez mais unívoco [...]. Em suma, tanto a possibilidade quanto a ocasião vão se tornando mais e mais canalizadas em determinada direção [...]. Esta direcionalidade, que possui todas as aparências de teleologia sem que o seja, pode ser chamada de devir...[16]

---

15 *Ibidem*, p. 87.

16 JONAS, Hans. *O princípio vida*, p. 78.

A matemática à qual se refere o astrônomo citado por Jonas (a matemática pura conhecida pelo "grande arquiteto do universo") é aquela útil à expressão de leis que expliquem o devir[17] de uma natureza feita de corpos isentos de finalidades em si; afinal, a teleologia é mera ilusão, aparência. A "verdadeira" finalidade mora alhures, na "alma", na consciência subjetiva do ser humano. Explicita-se, então, o dualismo subjacente à metafísica materialista moderna: de um lado, o humano, morada de toda finalidade; de outro, o restante da natureza, onde qualquer teleologia não é real.

A mudança de perspectiva proposta por Jonas, o cerne de sua crítica à metafísica materialista, se faz notar quando o filósofo se debruça sobre a expressão "pelo testemunho imanente da criação" da frase de Jeans. Jonas torna evidente que a metafísica materialista – fundamento da ciência e da tecnologia modernas – ignorou a experiência do organismo vivo justamente como *testemunho*. Opostamente, Jonas convoca a reconhecer a maior solidez e consistência do conhecimento que temos "a partir de dentro", por sermos nós mesmos seres vivos:

> [...] a visão do divino matemático é menos *corporal* e colorida do que a nossa. Mas teremos também, como antes, de admitir que poderia ser mais verdadeira? Certamente não neste caso, e aqui nós nos encontramos em solo firme, pois, graças à circunstância de nós mesmos

17 O interesse moderno pelo devir fica patente no privilégio que a álgebra mereceu, em detrimento da geometria euclidiana e da aritmética, as quais constituem o cerne da matemática clássica. Jonas escreve: "Foi o interesse primordial pelo movimento, e não a satisfação com figuras, que ocasionou na física a ascensão do método algébrico: movimento, em vez de proporções espaciais fixas, passa a ser o principal objeto de medição. Isto indica uma atitude radicalmente nova. [...] a análise do devir substitui a contemplação do ser [...]. O papel que 't' passa agora a desempenhar nas fórmulas físicas é uma expressão dessa nova atitude." *Ibidem*, p. 90.

> sermos *corpos* vivos, dispomos de um conhecimento a partir de dentro. Graças ao testemunho direto do nosso *corpo* podemos dizer o que nenhum espectador sem *corpo* teria condições de dizer: que ao Deus matemático, em sua visão analítica homogênea, escapa o ponto decisivo – o ponto da própria vida.[18]

Como se percebe no trecho acima, em que as palavras "corpo" e "corporal" se repetem tão marcantemente, o corpo vivo é o ponto de onde emana o "testemunho" que Jonas nos convida a ouvir.[19] A noção de corporalidade é realmente central na filosofia jonasiana. Não por acaso, em uma de suas últimas palestras, proferida em Munique, em maio de 1992, intitulada "Philosophy at the End of the Century: Retrospect and Prospect", na qual ele buscou sumarizar sua contribuição à filosofia do século XX, elegendo a *corporalidade* como seu tema central: "É agora meu dever como palestrante anunciar que o

---

18 *Ibidem*, p. 100-101 (grifo nosso).

19 A opção de Jonas pelo termo "testemunho" remete ao sentido da *audição* e não nos parece aleatória, mas guarda profunda conexão com a ética. Em seu texto "A nobreza da visão, Um estudo sobre a fenomenologia dos sentidos", Jonas enfatiza as peculiaridades da experiência auditiva: "O som, ele próprio um acontecer dinâmico, se impõe a um sujeito passivo. Para que ocorra uma sensação auditiva, o ouvinte depende inteiramente do fato de acontecer alguma coisa fora do seu controle, e no ouvir ele está exposto a esse acontecer. A única coisa com que ele pode contribuir para a situação é um estado de prontidão atenta para a eventual recepção de sons [...]. Não se sabe quando um som irá acontecer. Quando ele acontecer, [...] pode a todo momento ser de decisiva importância para a vida, os ouvidos têm que estar sempre abertos a esta possibilidade." *Ibidem*, 162-163. "A experiência auditiva possui, portanto, um componente passivo, porque pressupõe a consideração pela alteridade, ou seja, pela autonomia de um outro; entretanto não é mera passividade, exigindo do ouvinte uma *atitude* de *prontidão* ('estar de prontidão'), uma vez que os sons dão notícia de acontecimentos que 'podem ser de importância decisiva'. Essa atitude nos remete ao medo *ativamente* produzido, para ser empregado de modo heurístico na ética jonasiana: um temor de tipo espiritual, que, como resultado de uma atitude deliberada, é nossa própria obra.". JONAS, Hans. *O princípio responsabilidade*, p. 72.

tema da 'corporalidade' é o refrão que soará ao longo do restante da minha apresentação".[20]

Fundamentado no testemunho do corpo vivo, Jonas descortina os "modos de ser" próprios à vida, contrastando-os com o ser da matéria inanimada. Sob aquele ponto de vista, "de dentro" da própria vida, Jonas depreende como aspecto ontológico decisivo a *individualidade autocentrada.*[21] Com esse termo, o filósofo busca abarcar uma individualidade que se constitui não como "mero produto de nossa percepção dos sentidos", cujo *status* seria "apenas fenomenológico",[22] mas, sim, enquanto indivíduos vivos que resultam não da contemplação, mas que se constituem graças a eles mesmos, por causa deles mesmos, e sustentados continuamente por eles mesmos.[23]

Essa individualidade autocentrada, em seu nível mais simples, é constituída pela constante e inevitável troca de matéria com o ambiente externo; vislumbra-se o paradoxo de indivíduos que se constroem apesar da contínua renovação da matéria que os constitui; em verdade, constroem-se justamente mediante tal renovação:

> Neste estranho processo de ser, para o observador que o decompõe, as partículas de matéria de que o organismo consiste em um dado momento do tempo são conteúdos apenas temporários e passageiros, cuja identidade material não coincide com a identidade do todo por onde elas passam – ao passo que este todo mantém sua identidade

20 "It is now my duty as speaker to announce that the theme of 'corporeality' is a leitmotif that will sound throughout the remainder of my address." JONAS, Hans. *Mortality and morality:* a search for the good after Auschwitz. Edited by Lawrence Vogel. Illinois: Northwestern University Press, 1996, p. 44.

21 JONAS, Hans. *O princípio vida,* 2004, p. 101.

22 *Ibidem,* p. 101.

23 *Ibidem,* p. 101.

> própria, a forma viva, justamente *pela passagem de matéria estranha* por seu sistema espacial.[24]

Nesse sentido, a troca de matéria com o meio externo – assimilação e excreção – é essencial para a constituição e individuação do organismo. Tal troca se constitui no metabolismo e, portanto, Jonas destaca que *é necessário não perdermos de vista a inteira generalidade do metabolismo dentro do sistema vivo.*[25]

Em Jonas, a vida se mostra como individualidade autocentrada que se constitui por uma relação de *liberdade necessitada* com a matéria.[26] A liberdade assume enorme destaque na ontologia biológica do filósofo: no conceito de liberdade nós temos um conceito-guia capaz de orientar na tarefa de interpretar a vida.[27] Enfaticamente, ele sumariza a tarefa mesma da biologia filosófica; ou seja, de que modo acompanhar o desenvolvimento deste germe de liberdade nos graus ascendentes do desenvolvimento orgânico.[28]

Nota-se, aqui, que não se entende a liberdade como experiência restrita ao ser humano, ao portador do mais alto grau de consciência subjetiva. Ao contrário, Jonas encontra o "germe de liberdade" ao longo de todo o espectro de complexidade da vida:

> As grandes contradições que o homem encontra em si mesmo – liberdade e necessidade, autonomia e dependência, ego e mundo, interação e isolamento, criatividade e mortalidade – estão presentes *in nuce* nas formas mais primitivas de vida [...]. Este tema, que interessa a todos os seres vivos, pode ter seu desenvolvimento acompanhado ao longo

---

24 *Ibidem*, p. 98 (grifo nosso).

25 *Ibidem*, p. 98.

26 *Ibidem*, p. 101.

27 *Ibidem*, p. 105.

28 *Ibidem*, p. 107.

> da sequência ascendente de capacidades e funções orgânicas: metabolismo, motilidade e apetite, sentimento e percepção, imaginação, arte, e pensamento – uma escalada progressiva de liberdade e perigo, que atinge seu ápice no homem, o qual possa talvez compreender a própria singularidade de uma nova maneira, caso não se mantenha em isolamento metafísico.[29]

Assim, em Jonas, a liberdade se constitui em um conceito unificador (ou "conceito-guia", como dito acima) da vida e, ao minar o "isolamento metafísico" também, como será visto, abala o antropocentrismo, com significativas consequências para a teoria ética. Mas que liberdade é essa? Como podemos especificá-la melhor, a ponto de compreendê-la, com Jonas, como onipresente na vida? A esse respeito, é pertinente retornar a "Deus é um matemático"? e constatar como Jonas desenvolve o conceito de liberdade, valendo-se da clássica questão metafísica da relação entre forma e matéria.

Para Jonas, a liberdade aparece no organismo sob o aspecto especial de *forma*.[30] Ressaltamos acima a natureza antes ontológica que fenomenológica da forma viva, antes resultado de um fazer a si mesmo do que de uma mera síntese contemplativa. Contudo, as peculiaridades da forma viva estendem-se além de tal ponto; há uma

---

29 "The great contradictions that man discovers in himself – freedom and necessity, autonomy and dependence, ego and world, connectedness and isolation, creativity and mortality – are present *in nuce* in life's most primitive forms [...] This theme, common to all life, can be traced in its development through the ascending order of organic capabilities and functions: metabolism, motility and appetite, feeling and perception, imagination, art, and thinking – a progressive scale of freedom and danger, reaching its pinnacle in man, who can perhaps understand his uniqueness in a new way if he no longer regards himself in metaphysical isolation." JONAS, Hans. *Mortality and morality*, p. 60.

30 JONAS, Hans. *O princípio vida*, p. 102.

relação peculiar entre forma e matéria no ser vivo: a forma passa a ser a essência, e a matéria, o acidente.[31]

A forma no ser vivo não é abstração, mas a existência concreta do organismo. A forma viva não pode, porém, ser apreendida pelo somatório dos elementos materiais de um corpo orgânico *em um dado instante.* A unidade da forma viva só se revela *temporalmente:*

> Pois precisamente este corte individual ao longo da existência é ele mesmo, no ser vivo, uma mera abstração: *a realidade de sua forma está na sucessão de suas materialidades momentâneas,* que ela transforma em sua duração, e somente esta é a concretude de sua unidade, não como de um atributo lógico, mas sim como realização produtiva.[32]

Portanto, no ser vivo, aquilo que permanece – a substância, em termos ontológicos – é a forma, que utiliza a matéria como mero substrato temporário, acidental: na configuração orgânica, o elemento material cessa de ser a substância, passando a ser apenas substrato.[33] Na vida, vigora certa independência da forma com relação à sua própria matéria.[34] Tal independência, contudo, não deve ser entendida como absoluta.

Como exposto, Jonas denomina a liberdade do organismo vivo "liberdade necessitada". O ser vivo não é meramente uma via de passagem da matéria; mais correto será dizer que a sucessão dos estados de matéria que em cada momento o constituem são fases transitórias do processo da forma que se autoconstitui.[35]

31 *Ibidem,* p. 102.

32 *Ibidem,* p. 102 (grifo nosso).

33 *Ibidem,* p. 102.

34 *Ibidem,* p. 104.

35 *Ibidem,* p. 103.

A liberdade, nesse contexto, é justamente esse caráter construtor de si mesmo, próprio à forma orgânica. Trata-se de uma identidade peculiar que, como pontua o filósofo, difere em alto grau da identidade da matéria inanimada. Nesta, a individuação está assegurada pelo princípio de identidade lógica: a autoidentidade do seu momento é a lógica vazia do A = A; a de sua sucessão ou duração é o vazio permanecer, que não precisa de novo ser confirmado.[36] Já no contexto orgânico, a identidade é sempre uma tarefa a se realizar, um fazer continuamente negador do não ser:

> Nossa primeira observação é a de que os organismos são entidades cujo ser é o seu próprio fazer. Isto é o mesmo que dizer que eles só existem em virtude do que fazem [...]; ser para eles consiste em fazer o que têm que fazer para continuar a ser. Daí segue diretamente que deixar de fazer significa deixar de ser [...]; o perigo do deixar-de-ser está com o organismo desde o início.[37]

Desse modo, a liberdade do organismo se assenta em um poder fazer a si mesmo. Refere-se ao poder de trocar a todo instante a sua matéria por meio do metabolismo; mas, como visto, para o organismo, fazer é sua condição para ser, aquele "poder" se torna um "dever": seu "poder" é um "dever", uma vez que o realizar se identifica com o seu ser.[38]

Aqui, novamente, o desenrolar do fio de Ariadne, que é a noção de liberdade na biologia filosófica jonasiana, remete à ética: agora, trata-se da figura de um *dever-ser,* central para a teoria da responsabilidade jonasiana. Ao explicitar um dever-ser existente mesmo na

---

36 *Ibidem,* p. 104.

37 JONAS, Hans. *Mortality and morality,* p. 90.

38 JONAS, Hans. *O princípio vida,* p. 107.

vida não humana – em verdade, já no metabolismo das formas mais simples de vida – novamente o filósofo mina o isolamento metafísico e o antropocentrismo, passo importante para a construção da ética da responsabilidade.

Outra dimensão da liberdade orgânica iluminada por Jonas em "Deus é um matemático"? é o conceito de *transcendência*. Por esse termo, o filósofo entende o "voltar-se" para o exterior, para fora de si, resultado do caráter necessitado da liberdade orgânica. A sua carência/dependência da matéria exterior leva o organismo a abrir-se, a tornar-se "capaz de experiência".

A experiência se dá pela busca ativa da matéria exterior: no provimento ativo de seu ser, primariamente na autoativação do fornecimento de matéria, a vida cria permanentemente encontro a partir de si e atualiza a possibilidade da experiência.[39] A transcendência pode ser entendida como o "ter-o-mundo".

A transcendência do organismo pressupõe uma "interioridade" – ela tem que estar presente, para que possa existir uma diferença entre satisfação e frustração.[40] Tal interioridade (que Jonas iguala a uma *subjetividade*) é, a um só tempo, afirmação do interesse absoluto do organismo em sua própria existência e em sua preservação – isto é, ela é "egocêntrica"[41] – e o deixar-se afetar pelo outro. A capacidade de ser afetado é em verdade condição para a subjetividade: no ser-afetado por um estranho, o afetado sente-se a si próprio.[42]

39 *Ibidem*, p. 108.
40 *Ibidem*, p. 109.
41 *Ibidem*, p. 109.
42 *Ibidem*, p. 109.

Vislumbra-se aqui, enraizado na totalidade das formas vivas, novamente mais um dos pilares da ética da responsabilidade: a abertura à alteridade. Afinal, como já mencionado acima.

> o objeto da responsabilidade é um "outro" que tem menos chances de comigo partilhar alguma coisa, quando comparado a todos os outros objetos transcendentes da ética clássica: um outro não incomparavelmente melhor, mas como nada mais do que ele mesmo em seu próprio direito e sem que essa alteridade possa ser superada por uma aproximação minha em sua direção, ou vice-versa.[43]

Um último aspecto do fenômeno da liberdade orgânica é o horizonte *temporal* da transcendência. Já compreendemos o quanto a forma orgânica manifesta sua liberdade justamente na sequência temporal dos estados materiais. Mas agora pretende-se enfatizar, com Jonas, o quanto o modo de ser vivo se volta predominantemente ao *futuro*, ou seja, o quanto a antecipação do futuro, na forma dos desejos e emoções, é relevante para o organismo vivo, sobretudo para os *animais*, cujo acesso à matéria é *mediato*, dependente de movimento e sensação, fato que não sucede às plantas.

As plantas acesso *imediato* à matéria de que necessitam e, por isso, dispensam a ação antecipadora das emoções. Assim, as emoções, ao lado da mobilidade e da percepção, representam um incremento para a liberdade animal. A emoção representa condição para que se vença a distância temporal entre a carência presente e a meta de satisfação dessa carência:

> A locomoção, no animal, se volta para um objeto ou dele se afasta, quer dizer, ou é perseguição ou é fuga. Uma perseguição mais prolongada [...] evidencia não apenas capacidades motoras e sensoriais

43 JONAS, Hans. *O princípio responsabilidade*, p. 159.

> desenvolvidas, mas também pronunciadas forças de sentimento [...]. O simples intervalo entre partida e sucesso [...] tem que ser coberto por uma constante intenção emocional [...]. O desejo encontra-se na raiz da caça, o medo na raiz da fuga.[44]

A imediatez emocional da liberdade animal nos remete a duas implicações relevantes para a ética jonasiana. O primeiro aspecto é o enraizamento ontológico das emoções no fenômeno da vida, ao menos da vida animal. Sabe-se da importância que afetos como amor, desejo e, principalmente, o medo, desempenham na fundamentação da ética da responsabilidade.

O segundo aspecto, mais sutil, mas crucial à fundamentação ética, é o deslocamento *futuro* do horizonte da liberdade orgânica:

> Segue-se que no horizonte interior do tempo, que a transcendência do agora orgânica estende sobre o processo de sua continuação, a antecipação do logo-mais na busca é mais fundamental do que a sobrevivência do acontecido na memória – portanto, o futuro mais fundamental do que o passado.[45]

Trata-se de uma diferença gritante quanto ao modo de ser inorgânico. No contexto inanimado é razoável o determinismo, isto é, conceberem-se as condições passadas como plenamente antecipadoras do futuro. Já no que se refere ao modo de ser orgânico, o filósofo explica que o deslocamento futuro do horizonte existencial introduz uma inescapável *teleologia*:

> [...] a vida sempre já é também o que há de ser e o que se prepara para ser: nela a ordem extensiva de passado e futuro está intensamen-

44 JONAS, Hans. *O princípio vida*, p. 126.

45 *Ibidem*, p. 111.

> te invertida. É esta a raiz da natureza teleológica ou finalista da vida: "Finalidade" é em primeira linha um caráter dinâmico de uma certa maneira de ser.[46]

O reconhecimento da finalidade como caráter imanente ao Ser vivo é a etapa essencial à refutação da neutralidade ética da natureza, peça-chave para a desconstrução do "isolamento metafísico" humano e para a formulação de uma ética não antropocêntrica.

A articulação entre ontologia e a ética em Jonas será ainda mais bem desenvolvida por nós, mais adiante. Por ora, pretende-se retomar e concatenar melhor o trabalho metafísico do filósofo, ressaltando a desconstrução da metafísica materialista moderna.

Como já mencionado, a metafísica materialista se construiu sobre o solo do dualismo, da dicotomia corpo-espírito; tal origem, aliada à noção judaico-cristã de uma natureza criada, mas não criadora, ensejou a concepção de uma matéria desprovida de atributos espirituais, tais como finalidade, valor e liberdade.

A totalidade da natureza, por mais variadas e complexas que se nos apresentem suas formas, é apenas um dentre muitos resultados possíveis da interação entre corpos elementares, os quais são eles mesmos desprovidos de qualquer subjetividade ou inteligência: a análise das origens não prevê os estados "finais" de desenvolvimento; não há espaço para qualquer teleologia "real", restando apenas uma teleologia aparente, na forma do *devir,* compreendido como o percurso mais *provável,* após as interações já ocorridas.

Jonas demonstra, contudo, que tal repúdio da teleologia por parte da metafisica materialista e da ciência moderna é *metodologica-*

46 JONAS, Hans. *O princípio vida*, p. 111.

mente justificável, mas *ontologicamente* contraditório;[47] a esse respeito, vale uma citação que, embora extensa, é esclarecedora:

> O biólogo, quando pesquisa sobre processos vitais elementares, por exemplo em nível molecular, procede *como se não soubesse* que existe um organismo inteiro onde tais processos têm lugar; na pesquisa sobre organismos inferiores ele procede *como se não soubesse* que há outros superiores [...]. Isto é, ele se situa na perspectiva daquele "início" no qual, com exceção de Deus, ninguém poderia prever o que adviria do processo evolutivo [...]; tal é a atitude que convém à ciência humana. Não se deve perder de vista que isso é uma ficção. A utilidade *metodológica* da ficção é evidente e não necessita ser discutida; ela, como tal, não está posta em questão.[48]

De fato, deve-se reconhecer que o foco na causalidade eficiente, em detrimento da causalidade final (teleologia), foi um divisor de águas entre a ciência antiga e a moderna. Indiscutivelmente aquele foco contribuiu para os resultados práticos da técnica moderna, a partir da explicitação, controle e imitação (muitas vezes em magnitude ampliada) das "forças" atuantes na natureza. Contudo, se consolidou uma confusão entre método e ontologia:

---

47 "Mas faz sentido falar de um 'fim' que não seja subjetivo, isto é, mental? E um fim na matéria eliminaria a explicação causal da física? [...] simplesmente não é verdade que um entendimento "aristotélico" do Ser contrarie a moderna explicação da natureza, ou que seja incompatível com ela, ou mesmo que tenha sido refutado pela ciência moderna. Objetava-se ao entendimento aristotélico o fato de que ele não 'explicava', pois as causas finais são dispensáveis para a explicação causal [...]. Isso é inteiramente correto quanto ao método e se confirma continuamente pela suficiência exclusiva das causas eficientes [...] em todas as explicações particulares [...]. Permanece em aberto se a suficiência se estende além do particular, alcançando também a explicação do todo." JONAS, Hans. *O princípio responsabilidade*, p. 136-137.

48 *Ibidem*, p. 134-135.

> Mas não se pode confundir utilidade metodológica com julgamento ontológico. É evidente que o pesquisador que trabalha com os primórdios da vida está ciente de toda a sequência evolutiva [...]. Ele está ciente, acima de tudo, desse seu interesse e da sua própria atividade pensante, voltada para o assunto [...], deve reconhecer plenamente a autonomia da sua atividade pensante, caso contrário ele não pode ter esperança de obter a verdade [...]. Mas, na medida em que pressupõe a autonomia do seu pensamento, [...] também reconhece o poder do interesse motivador [...]. Mas, ao fazê-lo, ele terá reconhecido o espírito, a subjetividade e o interesse de modo geral como princípio ativo na natureza [...]. Se se leva a sério (como deveria) e ao mesmo tempo não se considera uma exceção singular (o que não poderia fazer, como membro da comunidade humana), ele não pode deixar de creditar à natureza a produção da causalidade final.[49]

Fica implícito que o cientista, na figura do biólogo supracitado, só consegue assumir os pressupostos *ontológicos* materialistas caso se isole metafisicamente, ou seja, caso pressuponha o dualismo que cinde o Ser em duas partes: de um lado, o reino da subjetividade, habitado exclusivamente pelos humanos; de outro, o reino da matéria. Esse inclui não apenas a natureza extra-humana, mas até mesmo aquelas atividades "involuntárias" do corpo humano.[50]

Isolar-se metafisicamente significa não ouvir o testemunho dos nossos corpos vivos, é negar o interesse de modo geral como princípio ativo da natureza. Jonas não hesita em afirmar *qual* testemunho deve ser preferencialmente ouvido: o testemunho do próprio ho-

49 *Ibidem*, p. 134-135.

50 No contexto da metafísica materialista, reivindicamos a finalidade apenas para o Ser vivente alcançada pela "consciência", ou seja, apenas para as espécies vivas dotadas de consciência, e nestas somente para as ações que dependam da consciência, que sejam de algum modo "voluntárias". Mas não, por exemplo, para a digestão e toda a função orgânica inconsciente, involuntária nas espécies em questão. *Ibidem*, p. 130.

mem, enquanto ser vivo. Por quê? Porque no homem encontra-se o Ser em seu desenvolvimento máximo, mais completo:

> O Ser, ou a natureza, é uno e presta testemunho de si naquilo que permite emergir de si. Por isso, a compreensão sobre o que é o Ser precisa ser obtida a partir do seu testemunho, e evidentemente daquele que mais fala sobre ele, o testemunho mais evidente e não o mais oculto, o mais desenvolvido e não o menos desenvolvido, o mais pleno e não o mais pobre – portanto, o testemunho "mais elevado" a que tivermos acesso. Esse testemunho de nosso próprio ser é deliberadamente ignorado pela ciência natural por causa da indiscutível interdição ao antropomorfismo...[51]

> O núcleo do filosofar jonasiano, a saber, sua biologia filosófica, está intimamente marcado pela compreensão do homem enquanto aquele que ocupa uma posição especial, ao mesmo tempo diferenciada e central, no todo do ser, é o homem de carne e osso, vivente, que se ocupa da compreensão de si e de tudo que está além de si. Mas a diferença antropológica não se refere apenas a essa medida epistemológica. O homem ocupa uma posição central em termos ontológicos [...] por ser parâmetro segundo o qual o próprio domínio vital pode ser avaliado, o que determina a necessidade de levar em conta o aspecto psíquico na consideração da vitalidade em geral.[52]

O "antropomorfismo" abraçado pelo filósofo deve ser compreendido como centralidade epistemológica e ontológica do homem, em sua biologia filosófica.

Ressaltemos que o "homem" central para o testemunho do Ser é o homem *vivo* ("de carne e osso"). Não se trata de um ser humano apartado, de uma *res cogitans* isolada, metafisicamente, do restante

51 *Ibidem*, p. 134.

52 LOPES, Wendell Evangelista Soares. *Hans Jonas e a diferença antropológica*. São Paulo: Edições Loyola, 2017, p. 35.

do Ser (que seria constituído pela *res extensa*), nem se alude ao homem que submete, "domina" e controla uma natureza alheia a ele. Não é o homem que desponta no prefácio de *The Great Instauration*, de Francis Bacon:

> Uma advertência geral eu dirijo a todos: que considerem quais os verdadeiros fins da ciência [...]. [Do casamento do espírito com o universo] podem surgir auxílio para o ser humano e uma descendência de invenções, que, de alguma forma, podem superar as necessidades e misérias da humanidade... Pois a tarefa à nossa frente não é a mera facilidade da especulação, mas sim, o verdadeiro negócio e bem do gênero humano e todo o poder da ação...E assim aqueles fins geminados, *ciência humana e poder humano*, na realidade resultam em uma coisa só.[53]

O antropocentrismo fica claro no trecho acima, simplesmente ao contar as numerosas ocorrências do adjetivo "humano". Observe-se também a pressuposição dualista, tornada patente pela metáfora do "casamento entre espírito e universo"; afinal, só é possível o casamento entre entes distintos. E – em consonância com os valores patriarcais das famílias de então –, Bacon propõe uma relação de dominação: ciência é poder. O "universo" – aqui entendido como a natureza extra-humana – aí está para ser subjugado pelo poder do ser humano.

Sob tal concepção pós-dualista e antropocêntrica, própria à metafísica materialista moderna, ignora-se o testemunho do Ser vivo pela própria vida, sobretudo a partir do ser humano vivo. Para a metafísica materialista, o organismo pode, quando muito, ser explicado enquanto *máquina*. Jonas dedicou um de seus ensaios integrantes de *Princípio vida*, intitulado "Cibernética e finalidade: uma crítica", jus-

53 JONAS, Hans. *O princípio vida*, p. 211.

tamente a desconstruir a tentativa materialista de reduzir os organismos a "autômatos" (termo empregado por Descartes).

A esse respeito, a crítica jonasiana centra-se na teoria cibernética que reduz a existência orgânica a apenas dois elementos: percepção e movimento, em analogia com os mecanismos informacionais e de *feedback*. No entanto, a cibernética negligencia o "conceito-guia" da compreensão da vida e a liberdade, em todas as suas esferas, tais como individualidade autocentrada, relação dialética com a necessidade e o não ser e – eis aqui o ponto fundamental – o seu modo de ser teleológico.

A cibernética nega a seus objetos de estudo qualquer causalidade final que se assemelhe àquela testemunhada pela vida: autocentrada, enquanto individualidade construtora e mantenedora de si mesma. Tal subjetividade – o elemento chave da liberdade orgânica – é inexplicável nos moldes da metafísica materialista. Para esta, a consciência subjetiva, quando não simplesmente ignorada, é compreendida como *epifenômeno*, ou seja, como produto colateral da atividade da matéria, sendo este produto inoperante sobre a mesma matéria que o criou.

Trata-se de uma causalidade *unidirecional*, isto é, a subjetividade seria causada pela matéria orgânica, porém não desfrutaria de nenhum poder causal sobre essa mesma matéria. Jonas, no ensaio "On the Power or impotence of subjectivity" destaca a impossibilidade do epifenomenalismo da consciência subjetiva, mesmo do ponto de vista materialista-determinista:

> O princípio é simplesmente este: tão improvável é algo gerar-se a partir de nada quanto desvanecer-se em nada. Nada é puro começo ou puro término. Apenas o indeterminista pode admitir exceções a tal regra: mas o materialista defende a causa do determinismo e está vinculado a ela.

> Assim, a sua "solução" contém uma autocontradição real, ou seja, defende a inviolabilidade de um princípio através da sua violação.

Portanto, ao tentar acomodar a subjetividade em sua metafísica, o materialismo se contradiz e não consegue justificar a exceção de um fenômeno supostamente causado pela matéria, uma vez que o materialismo se posiciona como monismo, negando realidades imateriais, porém sem qualquer dispêndio energético e sem consequências no mundo material.

A ciência, ao negar a subjetividade e o psiquismo imanentes à totalidade da vida, nega a si mesma:

> Elevada à condição de onipotência, a matéria é o gênio enganador que Descartes, antes um paladino na sua defesa, desejava evitar. A este gênio a ciência da vida rende homenagem. Na história do esforço da vida por se entender a si própria, a biologia materialista (que recentemente teve seu arsenal reforçado pela cibernética) é a tentativa de entender a vida excluindo aquilo que torna possível a própria tentativa: a verdadeira natureza de consciência e finalidade. Não se aceitando a si própria como testemunho de seu objeto, a tentativa se contradiz com a compreensão que através da negação ela adquire sobre seu objeto.[54]

A "verdadeira natureza de consciência e finalidade" é, como escreveu Wendell Lopes no trecho já citado, o testemunho do homem de carne e osso, vivente que determina a necessidade de levar em conta o aspecto psíquico na consideração da vitalidade em geral.[55]

54 *Ibidem*, p. 158.

55 Aqui cabe um comentário sobre o *pampsiquismo* em que deságua a ontologia biológica de Jonas: "Admitimos então que um aspecto 'psíquico' permanece sempre aderido ao impulso [do Ser] como tal. Por que deveria ser diferente? 'Psique' e 'pseidade' não são conceitos idênticos. A primeira pode muito bem ser um acessório, em forma genérica, de toda matéria ou de todos os agregados materiais com certas formas de organização, muito

No entender de Jonas, a metafísica materialista é negadora daquele testemunho.

Pelo exposto, interroga-se: em que a biologia filosófica de Hans Jonas até aqui desenvolvida pode iluminar a prática do cuidado na medicina?

A centralidade que o testemunho do vivente assume na biologia filosófica de Jonas nos aponta uma direção que é epistemológica e ética. O conhecimento dos modos de ser próprios ao organismo exige que o sujeito cognoscente esteja "preparado" pela própria experiência do viver.[56]

Apenas por ser mortal e contingente, o médico pode acessar a dimensão *vital* do adoecer. Na fenomenologia da saúde, tal dimensão tem sido designada pelo termo *illness*,[57] *o qual* se contrapõe a *disease*, termo designa a apreensão do adoecer com base nos pressupostos da metafísica materialista, da "ontologia da morte", ignorando a individualidade autocentrada própria ao organismo.

---

antes que elas ganhem individuação e, com isso, o horizonte da ipseidade nas unidades altamente organizadas e metabólicas que se destacam do ambiente como organismos 'autônomos' [...]. Considerando a matéria inanimada e sua distribuição no universo, eu preferiria acreditar [...] na disseminação de uma interioridade germinal através de incontáveis elementos individuais, em vez de uma unidade inicial em um sujeito total metafísico (Ou seja, o panteísmo não é um complemento necessário do pampsiquismo)." JONAS, Hans. *O princípio responsabilidade*, p. 139. Sobressai a compreensão, pelo filósofo, do Ser como uno, contínuo: " o que aparenta ser um salto é, na verdade, uma continuação; o fruto encontra-se pré-formado na raiz; o 'fim' que vai se tornando visível no sentir, no querer, no pensar já se tornava presente de modo invisível no crescimento que conduzia àquela direção [...] como disposição positiva e tendência seletiva para sua manifestação final." *Ibidem*, p. 133.

56 JONAS, Hans. *O princípio vida*, p. 105.

57 SEIDLEIN, Anna Henrikje; SALLOCH, Sabine. Illness and disease: an empirical-ethical viewpoint. *BMC Medical Ethics*. Londres, v. 5, 2019.

Mas, no contexto orgânico, a individualidade não é solipsista, pois se constitui também como transcendência, como abertura ao "outro", à experiência. O adoecer como *illness* mostra justamente a frustração da transcendência orgânica, a dificuldade em "ter o mundo". Sem a abertura ao "outro", o "indivíduo" inexiste: a não autarquia é da essência do organismo.[58] Essa ambivalência só não é paradoxal para o próprio ser vivo, pois a contínua atividade afirmadora do ser, contra o não ser, lhe é familiar.

Tendo por fundamento a compreensão ontológica, fica evidente que, no processo de adoecer, a própria individualidade se desestrutura. Portanto, modelos éticos baseados na concepção solipsista e atomística de subjetividade, como é o caso do modelo contratual, revelam-se incompatíveis com a responsabilidade médica,[59] a qual, como Jonas mostra em sua teoria da responsabilidade, é consequência do saber e do poder.

O poder do médico contemporâneo pressupõe, claro, a tecnologia biomédica. Porém, o saber não se restringe àquele das "ciências naturais", que classifica e manipula objetivamente corpos indiferentes, mas inclui outro, inspirado na ontologia da vida. Embora a arte médica se dedique ao corpo de outrem, e de ser esse corpo, ao olhar da ciência, funcionalmente divisível, Jonas afirma: o que realmente importa é o sujeito.[60]

Assim, a abordagem fragmentada e maquinal é entendida como meramente *metodológica,* ou seja, como instrumento de cuidado ao ser vivo enquanto um todo orgânico. Em *Against the stream,* Jonas

58 JONAS, Hans. *Mortality and morality*, p. 90.

59 ROCHA, Antonio Casado da. Back to basics in bioethics: reconciling patient autonomy with physician responsibility. *Philosophy Compass*. Boston, v. 4, 2009.

60 JONAS, Hans. *Técnica, medicina e ética*, p. 158.

ressalta que a adequada compreensão da vida nos leva ao "organismo como um todo" e não a "todo o organismo" feito de partes independentes, como máquina.[61]

Uma máquina não afirma finalidades, pertencendo a finalidade apenas ao seu construtor. Tal não ocorre ao corpo *vivo*, no qual a subjetividade, enquanto interesse por si, sempre em correlação com outros homens e com a totalidade da biosfera, está sempre presente. Então, pela ética jonasiana, negar-se a ouvir o testemunho da vida é atitude irresponsável.

Mas como se tornou possível tal negação? Para Jonas, a resposta nos remete a um longo processo *niilista* que se desenrolou na cultura ocidental. O ponto culminante desse processo é o niilismo moderno, tomado em três dimensões – cosmológica, antropológica e ética:

> Três determinantes do pensamento moderno, relacionadas entre si, têm uma quota de responsabilidade na situação niilista ou, expresso de modo menos dramático, no impasse contemporâneo da teoria ética – duas delas teóricas, e a terceira, prática: o conceito moderno de natureza, o conceito moderno de homem, e o fato da tecnologia moderna sustentado por ambos.[62]

O niilismo representa, em Jonas, um núcleo articulador entre a metafísica enquanto ontologia – compreensão do Ser do homem (o "conceito moderno de homem") e da natureza (o "conceito moderno de natureza") – e o agir humano sob a tecnologia moderna. Portanto, o niilismo é o caminho que nos leva da metafísica à ética. No próximo capítulo, pretende-se percorrer esse caminho.

---

61 *Ibidem*, p. 237.

62 JONAS, Hans. *Ensaios filosóficos:* da crença antiga ao homem tecnológico. Trad. de Wendell Evangelista Soares Lopes. São Paulo: Paulus, 2017, p. 273.

O niilismo como percurso da ontologia à ética

Como exposto no final do capítulo anterior, o tema do niilismo conecta, em Jonas, o trabalho metafísico ao ético. Contudo, pouco dir-se-ia a respeito da obra jonasiana se ficasse restringido a tal afirmação. Mais apropriado seria afirmar que o tema do niilismo – sua compreensão e enfrentamento – constitui verdadeiro elemento unificador da filosofia de Hans Jonas. Assim, seria possível dizer que esse tema pode ser compreendido como um fio condutor de suas preocupações filosóficas.[1]

Pode-se seguir esse "fio condutor" desde os trabalhos do jovem Jonas relativos ao chamado movimento *gnóstico,* conjunto de doutrinas místico-religiosas que se desenvolveram nos primeiros séculos da Era cristã. Afinal, Jonas já percebe no pensamento gnóstico elementos que guardam analogia com os niilismos moderno e con-

1 OLIVEIRA, Jelson. *Negação e poder:* do desafio do niilismo ao perigo da tecnologia. Caxias do Sul: Educs, 2018, p. 125.

temporâneo. Em seu ensaio "Gnose, existencialismo e niilismo",[2] ele aponta aproximação entre gnosticismo e o pensamento contemporâneo, mais precisamente o existencialismo:

> [...] o existencialismo [...] era ele próprio a filosofia de determinada situação histórica da existência humana. Uma situação análoga (embora, sob outro aspecto, muito diferente) havia provocado no passado [no gnosticismo da Antiguidade Tardia] uma resposta análoga.[3]

A gnose não será objeto desta análise, pois o foco será no niilismo moderno e contemporâneo. Apenas considera-se importante enfatizar que, na concepção jonasiana, o niilismo constitui uma "espécie particular de existência" cujas origens antecedem em muito a ciência moderna, e que se fundamentam no dualismo corpo-espírito (talvez mais precisamente definido como dualismo homem-natureza), com resultante estranhamento entre homem e natureza; tal estranhamento redunda, na gnose, em medo e hostilidade contra a natureza e, na modernidade, como será observado, em indiferença e exercício de uma vontade de ilimitado poder sobre aquela mesma natureza.

O filósofo apreendeu duas dimensões *teóricas* do niilismo no Ocidente: cosmológica e antropológica. A essas duas, ele acrescenta uma terceira, *prática*, constituída pela tecnologia moderna, um modo peculiar de ação que, na concepção jonasiana, pressupõe aqueles niilismos teóricos.[4]

---

2 JONAS, Hans. *O princípio vida:* fundamentos para uma biologia filosófica. Trad. de Carlos Almeida Pereira. Petrópolis: Vozes, 2004, p. 233-252.

3 *Ibidem*, p. 234.

4 JONAS, Hans. *Ensaios filosóficos:* da crença antiga ao homem tecnológico. Trad. de Wendell Evangelista Soares Lopes. São Paulo: Paulus, 2017, p. 273.

Em seu aspecto *cosmológico*, o niilismo é uma concepção de natureza à qual são negados três atributos – a finalidade, a verdade e a unidade.[5]

No ensaio "Problemas contemporâneos da ética desde uma perspectiva judaica"[6], Jonas mostra como, na modernidade, o abandono ao conceito bíblico de *criação* se correlaciona à negação de causalidade final e de valor à natureza. Afinal, dizer que o mundo foi criado é dizer que ele não é seu próprio fundamento, mas procede de uma vontade e de um plano além de si mesmo.[7] Assim, a ideia de criação subentendia uma teleologia, um "para que" da natureza, uma finalidade inspirada na transcendência.

A negação do ato criador por um Deus benevolente também desqualifica o Ser da natureza como depositário de *valor*: o mundo da física moderna não é nem "bom" nem "ruim", ele não remete a esses atributos, porque é indiferente àquela própria distinção.[8] Essa indiferença à categoria de valor decorre, contudo, não apenas da negação de um referencial transcendente de finalidade; o filósofo entende que, mesmo a negação de finalidade *imanente* ao Ser da natureza, já o exclui, logicamente, do domínio do valor, pois, afinal, a ética diz que os valores devem se tornar fins.[9] Ou seja, uma natureza sem finalidades é também desprovida de valor e de importância ética. Caracteriza-se, em terminologia jonasiana, a *neutralidade ética* da natureza.

---

5 OLIVEIRA, Jelson. *Negação e poder*, p. 204.

6 JONAS, Hans. *O princípio vida*, p. 273-294.

7 JONAS, Hans. *Ensaios filosóficos*, p. 274.

8 *Ibidem*, p. 274.

9 JONAS, Hans. *O princípio responsabilidade* ensaio de uma ética para a civilização tecnológica. Rio de Janeiro: Contraponto, 2006, p. 143.

O pensamento moderno, como metafísica materialista, distancia a natureza da imagem bíblica da criação:

> Na perspectiva da ciência moderna [...] o mundo se "fez" e está continuamente se fazendo. Ele é um processo contínuo, ativado pelas forças em funcionamento dentro dele, determinado pelas leis inerentes à sua matéria, e no qual cada estado dele é o efeito do seu próprio passado e de modo algum a implementação de um plano ou ordem pretendida.[10]

O termo chave aqui é *processo*, entendido como movimento autogerado e sem *telos*. Negado o ato criador, a natureza não mais pode ser vista como uma obra inteira e ordenada. Nega-se à natureza o antigo *status* de *cosmos*, ou seja, perde-se "o mundo como, totalidade', como 'disposição' bem ordenada, uma regularidade, uma lei, um mecanismo harmônico [...]; kosmos é a característica do lugar onde o homem habita sem medo".[11]

O acosmismo torna-se visível com a publicação de *Sobre a revolução das esferas* celestes, de Copérnico, obra em que Jonas nos aponta pressupostos metafísicos que se alinham ao niilismo cosmológico:

> (1) a proposição necessariamente implícita da homogeneidade da natureza em todo o universo; (2) a falta de uma arquitetura sólida do universo para explicar sua ordem; e (3) sua provável infinitude, através da qual deixou de ser um todo ou um "cosmos" no sentido de uma entidade determinada.[12]

A pressuposição de homogeneidade desfez a antiga hierarquia aristotélica subjacente à distinção entre as esferas sublunar e celeste,

---

10 JONAS, Hans. *Ensaio filosófico*, p. 274.

11 OLIVEIRA, Jelson. *Negação e poder*, p. 184.

12 JONAS, Hans. *Ensaios filosóficos*, p. 96.

a primeira feita de matéria corruptível, a segunda, de matéria eterna, mais nobre e sublime. A revolução copernicana, opostamente, avalia serem os corpos celestes constituídos da mesma matéria e submetidos às mesmas leis físicas que a matéria terrestre.

Como resultado do pressuposto de homogeneidade, resulta a negação de uma "arquitetura" sólida da natureza. Assim, se antes os movimentos dos astros eram consequência do seu pertencimento a "esferas" ou "orbes" específicos, agora tal movimento precisa ser explicado por "leis" atuantes em qualquer local do universo: as leis do movimento se tornaram mesmo um desiderato necessário para explicar as órbitas dos planetas.[13]

No sistema aristotélico-ptolomaico, a atuação de apenas *uma* causa – o Primeiro Motor – era suficiente para a explicação dos movimentos dos diferentes corpos celestes, sendo as particularidades de cada um explicadas mais pelo "lugar" ocupado pelo corpo na arquitetura do cosmos do que por qualquer combinação de "forças". De fato, o conceito de força – elemento que produz aceleração, efeito mensurável matemática e geometricamente – se tornou necessário e central no contexto moderno:

> [...] a busca pelas causas do movimento, isto é, por uma dinâmica que explicasse as leis puramente descritivas e empiricamente descobertas – que fornecessem seu comum porquê e em aplicação direta revelassem o movimento particular de cada planeta como uma necessidade causal –, se tornou a ordem do dia.[14]

Ou seja, a natureza se reduz, na modernidade, a um campo de interação de forças: "Essa ideia de natureza está ligada a uma con-

13 *Ibidem*, p. 98.

14 *Ibidem*, p. 101.

cepção de "natureza de forças", ou seja, não uma natureza ordenada hierarquicamente segundo o modelo do antigo cosmos.[15]

As forças atuantes na matéria são as mesmas em todo o universo físico, e atuam em um espaço *infinito*. Embora o antigo cosmo desfrutasse de dimensões bastante imponentes, constituía ainda um espaço "fechado"; após Copérnico, porém, o universo físico torna-se "aberto": quando olhamos para o céu à noite, não vemos uma abóbada confinante, mas vemos a profundidade do espaço infinito.[16]

Desse modo, Jonas, ao falar em niilismo cosmológico moderno, refere-se a um "conceito de natureza" que a toma como desprovida de finalidade, de valor, de unidade/totalidade (universo aberto/infinito), de hierarquia interna, e redutível à interação de forças (elementos descritíveis matemática e geometricamente).

Este último aspecto nos remete ao expurgo de todas as propriedades não geométricas ou quantitativas que a natureza sofreu. Despido de finalidade e valor, o universo não revela o propósito do criador por meio do modelo de sua ordem, tampouco sua bondade por meio da abundância das coisas criadas, nem sua perfeição pela beleza do conjunto; o universo só demonstra seu poder por meio de sua magnitude, de sua imensidão espacial e temporal.[17]

Assim, a natureza reduzida a propriedades quantificáveis se manifesta apenas como magnitude e poder:

> Para Jonas, a única coisa que o mundo tem que o aproxima [...] da divindade [...] é a magnitude e, segundo ele, "o que a magnitude pode

15 OLIVEIRA, Jelson. *Negação e poder*, 2018.

16 JONAS, Hans. *Ensaios filosóficos*, p. 103.

17 OLIVEIRA, Jelson. *Negação e poder*, , p. 223.

comunicar é poder" [...], ou seja, o mundo estaria reduzido à manifestação de um poder pela via de sua magnitude.[18]

A redução da natureza à *res extensa* tem implicações também epistemológicas, ou seja, pressupõe-se que toda a verdade relativa à natureza seja alcançável por suas propriedades matemáticas:

> Sob o título de *res extensa,* a realidade exterior foi totalmente desvinculada do mundo interior do pensamento, passando a constituir um campo autossuficiente para a aplicação universal da análise matemática e mecânica: a própria ideia de "objeto" teve que passar por uma transformação através do expurgo dualista. Estreitamente ligado a esse processo está o monopólio epistemológico que passou a ser reconhecido para a modalidade perceptiva do conhecimento, isto é, do conhecimento exterior, sobretudo de acordo com o modelo da visão: "Objetividade", por conseguinte, passa a ser a elaboração dos dados exteriores dos sentidos segundo suas propriedades extensionais. Outras modalidades possíveis de relação com a realidade, como [...] a relação entre vida e vida, ou a experiência do choque e da resistência das coisas no esforço corporal, passaram para segundo plano em relação ao ideal de conhecimento exato, deixando de ser levados em conta.[19]

Como já abordado no capítulo anterior, tomando por base o ensaio "Deus é um matemático?", o fenômeno da vida constitui terreno problemático para o exercício no monopólio epistemológico da objetividade, porquanto exclui a subjetividade que aflora do testemunho da vida.

Daí se compreender a qualificação que o filósofo confere à metafisica materialista de *ontologia da morte,* uma vez que o conceito moderno de natureza é a *negação da vida*: "explicá-la [a vida] – neste

18 *Ibidem,* p. 223.

19 JONAS, Hans. *O princípio vida,* p. 45-46.

estágio da ontologia universal da morte – significa negá-la, fazer dela uma variante das possibilidades do sem-vida".[20]

Mas o conceito de natureza existe em correspondência com o conceito de homem: qualquer uma das afirmações sobre a natureza já parte de uma compreensão prévia, ou seja, de uma construção cultural anterior à própria delimitação conceitual, sendo, nesse sentido, impossível pensar um conceito que já não esteja impregnado dos valores de quem o projeta e das disposições históricas e geográficas às quais o pensamento sempre está submetido.[21] Portanto, se no moderno conceito de natureza Jonas encontra uma forma de niilismo, deve-se procurar o niilismo também no conceito moderno de homem, ou seja, ao niilismo cosmológico deve corresponder um niilismo antropológico.

Em "Problemas contemporâneos da ética desde uma perspectiva judaica", Jonas aponta três pilares constitutivos do moderno conceito de homem – científico (com ênfase no darwinismo), histórico (com ênfase no historicismo) e psicológico (psicanalítico):

> [...] a doutrina moderna de homem [...] em que mais uma vez devemos procurar as negações [...] implicadas nas afirmações da teoria moderna. Facilmente descobrimos tais negações nas ideias de evolução, história e psicologia, tal como aparecem sob a forma do darwinismo, do historicismo e da psicanálise.[22]

A compreensão da natureza pela ciência moderna, como vimos, é antiteleológica. O darwinismo, ao atribuir a evolução e a diversida-

---

20 *Ibidem*, p. 20.

21 OLIVEIRA, Jelson. *Negação e poder*, p. 295.

22 JONAS, Hans. *Ensaios filosóficos*, p. 275.

de das formas vivas à seleção de mutações genéticas aleatórias,[23] tornou possível que a negação de finalidade se estendesse da natureza abiótica à vida.[24] E, desta última, ao ser humano. Em consonância à totalidade da natureza, o ser humano se vê desprovido de qualquer essência, sendo, como os demais seres vivos, resultado acidental do processo evolutivo: na perspectiva darwinista o homem não carrega uma "imagem" eterna, mas é parte do "vir-a-ser" universal, mais especificamente do "vir-a-ser" biológico.[25]

A negação da imagem de homem, apontada em paralelo à negação da afirmação bíblica "Deus criou o homem à sua própria imagem, à imagem de Deus ele o criou" é aspecto importante do niilismo antropológico apontado por Jonas. Trata-se da perda de uma imagem que vinculava o homem a um referencial absoluto.

---

23 Jonas acolhe a verdade factual da evolução, conforme os achados paleontológicos; contudo, é cético no que se refere ao poder explicativo do darwinismo quanto à diversidade biológica: "[...] a evolução como tal pertence ao número dos fatos estabelecidos. [...] Outro fato estabelecido é a ocorrência de mutações [...]. A seleção natural é uma dedução lógica dessas duas premissas [...], mas a suposição mais ampla [...] é que este tipo de variação explique suficientemente o aparecimento das grandes ordens taxonômicas, por enquanto, antes uma afirmação metafísica (ou, em palavras mais sóbrias, um postulado metodológico) do que uma hipótese científica." JONAS, Hans. *O princípio vida*, p. 55.

24 Jonas aponta, contudo, o papel ambíguo que o darwinismo desempenhou na relação entre materialismo e vida. Se, por um lado, a teoria evolucionista permitiu uma concepção não teleológica da vida, possibilitando confiar unicamente ao automatismo da natureza material, a produção das formas vitais ramificadas e ascendentes (*Ibidem*, p. 63-64), por outro, contribuiu para a crise do isolamento metafísico do ser humano: "foi justamente a evolução que veio a destruir a posição especial do ser humano [...]. Desde então a continuidade [...] que unia o ser humano ao mundo animal fez com que [...] se tornasse impossível considerar seu espírito [...] como a irrupção abrupta de um princípio ontologicamente estranho." *Ibidem*, p. 67.

25 JONAS, Hans. *Ensaios filosóficos*, p. 276.

Diante da perda de tal referencial – que Jonas entende, à semelhança de Nietzsche, como a "morte de Deus", ou seja, como a perda da efetividade de qualquer norma transcendente – o ser humano torna-se o legislador de si mesmo. A ausência de finalidades e valores na natureza em geral e na sua própria, colocam o homem – mais especificamente a consciência subjetiva humana, que, na concepção materialista, é estranha à matéria – na situação de *único repositório das intenções e fins.*[26]

Encontra-se, aqui, um duplo estranhamento que resulta em uma dupla solidão do ser humano. Falta ao homem tanto um "nicho" de pertencimento à totalidade da natureza quanto *nomos* transcendente, uma *imago dei.*[27]

Outro constituinte do "conceito moderno de homem" apontado por Jonas é o *historicismo*, ou seja, a concepção de que o ser humano é produto contínuo da própria história e das criações feitas pelo homem, isto é, das diferentes e cambiantes culturas.[28] O ser humano se vê como criador dos próprios valores, sempre subjetivos e particulares: "Ao invés do absoluto, existe apenas o relativo na ética; ao invés do universal, apenas o socialmente particular; ao invés do objetivo, apenas o subjetivo; e ao invés do incondicional, apenas o condicional, o convencional e o conveniente".[29]

Contudo, existe uma vertente não relativista do historicismo, a teoria marxista que foi bastante analisada por Jonas e que, enquanto "teoria da história", propõe uma lei "objetiva", uma verdadeira "necessidade" histórica:

---

26 *Ibidem*, p. 275.

27 OLIVEIRA, Jelson. *Negação e poder*, p. 236.

28 JONAS, Hans. *Ensaios fotográficos*, p. 277.

29 *Ibidem*, p. 277.

> Por ser uma teoria da história total, tanto da história passada quanto da futura, a teoria marxista define o futuro em união com a explicação do passado por meio de um princípio ininterrupto, ou seja, daquilo que há de vir a partir do que já foi. Toda história até hoje, sua dinâmica essencial como uma história da luta de classes, será superada pela sociedade sem classes que se encontra na ordem do dia do processo total.[30]

A "luta de classes" é a lei da história que *deve* determinar a *vontade política*. A vontade dos sujeitos políticos resultaria não de um ideal, de um referencial transcendente, mas das condições materiais, do modo de produção econômica, enfim. Mas o aspecto antropológico do marxismo mais extensamente criticado por Jonas é a "*ontologia do ainda não ser*", ou a concepção de que o "verdadeiro homem" até hoje ainda não surgiu, mas que se revelará apenas quando a revolução proletária houver engendrado a sociedade sem classes:

> [...] o que valia até agora como natureza humana era o produto de circunstâncias constrangedoras e deformantes: só as circunstâncias de uma sociedade sem classes trarão à luz a verdadeira natureza humana, e com o "reino da liberdade" começará a verdadeira história da humanidade. É um trago forte.[31]

O "trago forte" é justamente a negação de valor ao Ser do homem tal como ele se manifestou até agora, e a pressuposição de que a verdade do Ser seja sinônimo de uma forma específica de organização social (no caso, a abolição das classes sociais e a libertação do homem da necessidade do trabalho). O marxismo será discutido mais

---

30 JONAS, Hans. *O princípio responsabilidade:*, p. 196.

31 *Ibidem*, p. 287.

detidamente no próximo capítulo, que se dedicará à crítica jonasiana da utopia.

O terceiro elemento constitutivo do niilismo antropológico contemporâneo se expressou na psicanálise freudiana. Ela estendeu ao espírito humano a concepção de natureza como interação de forças elementares, em conformidade com o método analítico da ciência moderna. Segundo tal postulado metodológico, qualquer "ordem" na natureza é "aparente":

> O fundamento da explicação, pois, não é mais a racionalidade de sua ordem, a forma inteligível não representa mais a perfeição do ser, que precisamente por isso consegue tornar-se real, de preferência a formas menores, mas ela própria é explicada pelo recuo a tipos de ocorrência mais baixos, ou mais simples.[32]

Analogamente, a psicanálise atribui os aspectos espirituais e mais "elevados" do ser humano à operação de "impulsos elementares" e "básicos": o mais elevado no homem é uma forma dissimulada do mais inferior.[33] Assim, o complexo psiquismo do homem civilizado seria hipócrita, mera dissimulação daquelas forças instintivas, e caberia à psicanálise o "desmascaramento" do ser humano.

No entender de Jonas, essa concepção de psiquismo foi capaz de reduzir o homem de tamanho e o despir, aos próprios olhos, de todo vestígio de dignidade metafísica.[34] Toda a moralidade é reduzida ao "superego", com sua origem "espúria", porquanto hipócrita e dissimulada, mentirosa, enfim.

---

32 JONAS, Hans. *O princípio vida*, p. 91.

33 JONAS, Hans. *Ensaios filosóficos*, p. 287.

34 *Ibidem*, p. 278.

O filósofo indica o paradoxo que assola o ser humano moderno: por um lado, encontra-se humilhado metafisicamente, desprovido de essência, de uma imagem objetiva de si mesmo;[35] por outro, outorga-se o poder exclusivo de criar leis para si mesmo e para a natureza: um privilégio e poder quase semelhantes aos de Deus.[36] Segundo Jonas, uma "deificação humanista".

Coexistem a natureza – eticamente neutra, destituída de finalidades em si e que se expressa apenas enquanto grandeza quantificável – e o homem – criador solitário de valor –, mas sem que possua qualquer referencial ou modelo para tal tarefa. Ademais, se refere a uma coexistência apartada, pois, como já vimos, o materialismo subjacente à ciência moderna mal disfarça sua origem dualista, que segrega a *res cogitans* – o reino humano do valor – e a *res extensa* – reino da matéria inanimada e indiferente a si mesma e ao homem. Estamos diante de um contexto constituído de múltiplas negações – da ordem e finalidade da natureza, de uma essência humana eterna, de normas transcendentes para a ação humana. Realiza-se aquilo a que Jonas denomina *neutralização metafísica da ideia de homem*37. E esta "ideia de homem" que, na modernidade, não pode mais ser encontrada no transcendente, também não provém imanentemente, da natureza,

35 A importância do conceito de imagem (*eidos*) é central na antropologia jonasiana. O filósofo concebe imagens enquanto constructos intencionais do homem, a partir de percepções visuais que guardam meras semelhanças com aquelas percepções ("ontologicamente incompletas") e podem ser evocadas voluntariamente e até dirigirem a ação (o "controle eidético da capacidade de movimento"), mesmo na ausência da percepção sensorial que foi substrato da imagem. Jonas considera os controles eidéticos da imaginação e do movimento condições *transanimais*, que determinam uma "situação humana única". As duas características "possibilitam a liberdade do ser humano". JONAS, Hans. *O princípio vida*, p. 195. A preservação de uma "ideia de homem", defendida pelo imperativo ético jonasiano, reforça a centralidade da concepção imagética no Ser do homem.

36 JONAS, Hans. *Ensaios filosóficos*, p. 279.

37 OLIVEIRA, Jelson. *Negação e poder*, p. 210.

dado o estranhamento entre homem e natureza plasmado no dualismo matéria-espírito. Os poderes do agir humano ampliados pela tecnologia, exercidos nessa ambiência de neutralização metafísica da ideia de homem, culminam em *niilismo ético*.

O mesmo niilismo que nos deu os conceitos modernos de natureza e de ser humano tornou possíveis a ciência moderna e a tecnologia, com os poderes imensos que trouxe ao homem, não mais limitados à satisfação de necessidades estáveis. Afinal, como já apontado, a tecnologia se distingue por sua dinâmica própria, baseada no progresso ilimitado, sempre criador de novos desejos a serem saciados [temporariamente] pela própria tecnologia. Entretanto, para que se configure o que Jonas denomina "impasse contemporâneo da teoria ética",[38] precisamos trazer outro elemento ao nosso cenário: a recusa da razão humana, *na sua forma especificamente moderna*, em pensar normas limitadoras do poder tecnológico.

> A razão triunfante através da ciência destruiu a fé na revelação, sem, entretanto, substituir a revelação no ofício de guiar nossas escolhas supremas. A razão se *desqualificou* desse ofício, que outrora pertencera à religião, precisamente quando ela se instaurou, sob a forma da ciência, como única autoridade em matéria de verdade. Sua abdicação nessa província nativa é o corolário de seu triunfo em outras esferas: seu sucesso aí se deve àquela redefinição de seus possíveis objetos e métodos de conhecimento que abre uma inumerável variedade de outros objetos fora de seu domínio. Essa situação se reflete no fracasso da filosofia contemporânea em oferecer uma teoria ética.[39]

---

38 *Ibidem*, p. 274.

39 JONAS, Hans. *Ensaios filosóficos:* da crença antiga ao homem tecnológico. Trad. de Wendell Evangelista Soares Lopes. São Paulo: Paulus, 2017, p. 273.

Assim, na modernidade, houve uma mudança na própria concepção de racionalidade; a razão abandonou a "busca da verdade por si mesma" e trocou-se a "nobreza pela utilidade".[40] A razão abdicou, portanto, da reflexão acerca dos princípios que pudessem orientar as ações humanas, ou seja, retirou-se da reflexão ética.

E mais: legitimada pelo sucesso da tecnologia, a racionalidade *científica* declara o seu *monopólio epistemológico*, isto é, declara que *toda* a verdade sobre a natureza é alcançável pelo método científico, o qual toma aquela natureza como isenta de valores, como eticamente neutra. E não apenas a natureza, mas o próprio homem foi neutralizado sob o aspecto do valor.[41] O homem é, pois, considerado, no contexto psicanalítico, como resultado da interação de forças cegas e desprovidas de inteligência, mesmo nas suas faculdades "elevadas". O homem é apenas um campo para o jogo de forças que constituem a natureza em sua totalidade.[42]

Afirmar que natureza e homem são resultado de um "jogo de forças" significa tomá-los apenas por produto de elementos quantificáveis, redutíveis às propriedades matemáticas (intensidade, direção, sentido), desprovidos de outras qualidades. Ora, em tal acepção, natureza e homem se manifestam apenas enquanto *poder:* para Jonas, a única coisa que o mundo tem que ainda o aproxima da divindade é a magnitude e, segundo ele, o que a magnitude pode comunicar é poder.[43]

Ou seja, não se trata mais do "divino" transcendente e criador de leis efetivas, mas mera ação cega de forças. Analogamente, a es-

40 JONAS, Hans. *Técnica, medicina e ética:* sobre a prática do princípio responsabilidade. São Paulo: Paulus, 2013, p. 39.

41 JONAS, Hans. *O princípio responsabilidade,* p. 64.

42 OLIVEIRA, Jelson. *Negação e poder,* p. 237.

43 *Ibidem,* p. 223.

sência do homem deve ser uma força representada por sua vontade consciente e o objeto da vontade, objeto de todas as forças, o exercer a si mesmo. Dessa maneira, a vontade é a vontade de poder.[44] Esse poder, por se exercer no contexto da negação de normas reguladoras da natureza e do homem, torna-se um "fim em si mesmo":

> [...] a vontade não tem como objeto (e, consequentemente, nem o homem como objetivo) as coisas mesmas, ou seja, os seres que formam o mundo ao seu redor, mas simplesmente coloca em prática aquela que se tornou a sua característica central, ou seja, o seu poder.[45]

Trata-se de um "fazer" que se esgota em si mesmo. Não à toa, Jonas aponta a superação do *homo sapiens* pelo *homo faber*. Se antes o fazer era subordinado à razão objetiva, agora o *homo faber* triunfa não apenas sobre a natureza, mas também na própria constituição interna do *homo sapiens*.[46] No entender de Jonas, consiste em uma redefinição de homem por parte do niilismo moderno: homem é vontade de poder[47], o qual é alçado ao *status* de verdadeira missão do homem: "Somos tentados a crer que a vocação dos homens se encontra no contínuo progresso desse empreendimento [a técnica moderna], superando-se sempre a si mesmo, rumo a feitos cada vez maiores".[48]

Portanto, para Jonas, o poder em questão tem nome: é aquele exercido por meio da tecnologia. E tal poder se exerce no contexto niilista que lhe nega qualquer finalidade ou regulação. Caracteriza-se,

---

44 *Ibidem*, p. 237.

45 *Ibidem*, p. 237.

46 JONAS, Hans. *O princípio responsabilidade*, p. 43.

47 OLIVEIRA, Joelson. *Negação e poder*, p. 237.

48 JONAS, Hans. *O princípio responsabilidade*, p. 43.

assim, um cenário de *vazio ético* no qual se desenrolam as ações mediadas pela tecnologia. E ele afirma de forma contundente: "Agora trememos na nudez de um niilismo no qual o maior dos poderes se une ao maior dos vazios; a maior das capacidades ao menor dos saberes sobre para que utilizar essa capacidade".[49]

Em verdade, a situação se torna mais complexa ao constatarmos que, para Jonas, o niilismo não é mero contexto, cenário inerte ou pressuposto "teórico", porém, mais significativamente, que o poder tecnológico se alimenta de niilismo, porquanto é uma resposta a ele. Mais precisamente, uma resposta para a solidão existencial, em suas duas vertentes: a ruptura da relação de pertencimento entre homem e mundo ("desmundanização") e a desvinculação entre homem e Deus (enquanto lei absoluta). Na ausência de um referencial absoluto, tal atividade legisladora encontra seu lastro exclusivamente no poder:

> [...] a lei deve ser imposta pelo poder e pela força, ou seja, por meio da vontade de poder, que se revela como um desdobramento do niilismo, precisamente porque ela é um produto do sentimento de solidão e da necessidade de emancipação do homem.[50]

Apenas pelo exercício do seu poder sobre a natureza o homem tecnológico abandona [ilusoriamente] seu estado de solidão: "ele vive em estado de exílio quando não domina o mundo; inquieto, ele passa a atuar sobre o mundo para superar sua solidão e sua angústia".[51]

Mas qual o sentido de afirmarmos ser a resposta tecnológica ao niilismo uma *ilusão*? A argumentação jonasiana a respeito se dá em

49 *Ibidem*, p. 64.

50 OLIVEIRA, Jelson. *Negação e poder*, p. 229.

51 *Ibidem*, p. 265.

duas vertentes: primeiro, explicitando o niilismo da tecnologia; segundo, desconstruindo a utopia tecnológica, tanto pela crítica de suas possibilidades materiais quanto pela crítica qualitativa do ideal utópico.

Abordaremos aqui o primeiro aspecto – o niilismo subjacente à ação tecnológica; no próximo capítulo, terá lugar a crítica jonasiana da utopia. Por ora, então, seguiremos os passos de Jelson Oliveira em seu ensaio "O niilismo da tecnologia", no qual, fundado na obra de Hans Jonas,[52] o autor encontra similaridades entre o niilismo gnóstico e o niilismo tecnológico ou, como designa o autor, o *gnosticismo* e o *tecnologismo*.

Já foi abordado o estranhamento entre homem e natureza – a desmundanização – como marca do niilismo moderno. A natureza não mais é um todo ordenado e teleologicamente dirigido, ou seja, um cosmos – caracterizando o acosmismo – que indique ao homem algum modelo ou imagem de si mesmo – fenômeno este conhecido por *desominização*.

Assim, Jelson Oliveira ressalta que a marca niilista da técnica inclui a desmundanização e a desominização na forma de um acosmismo.[53] Como já explicitado, a vontade de poder se tornou a vocação do ser humano. Mas, no contexto antinomista que caracteriza o niilismo moderno, tal vontade se tornou uma "vontade de ilimitado poder".[54] E, uma vez destituída de todo o valor, por parte da metafísi-

---

52 Como já exposto, o próprio Jonas, no ensaio "Gnose, existencialismo e niilismo" aproxima os niilismos gnóstico e moderno, este mais especificamente na forma do existencialismo. Contudo, o empreendimento do prof. Jelson Oliveira em aproximar gnosticismo e tecnologismo se justifica por ser a tecnologia "uma face do niilismo moderno". *Ibidem*, p. 260.

53 *Ibidem*, p. 260.

54 JONAS, Hans. *Técnica, medicina e ética*, p. 34.

ca materialista, a natureza tornou-se adequada ao exercício daquele "ilimitado poder":

> Sob seu olhar [da ciência moderna], a natureza das coisas, reduzida à falta de finalidade de seus átomos e causas, ficou sem dignidade alguma para si. Mas aquilo que não impõe reverência alguma pode ser disposto e liberado de sacrossantidade cósmica, de modo que todas as coisas podem ser usadas de maneira ilimitada.[55]

A tecnologia toma a natureza com indiferença que *é, por assim dizer, a base da atitude técnica, na medida em que abre a natureza para a exploração desmedida, destemida, permanente, ilimitada.*[56] No capítulo 1 já foram abordadas as peculiaridades que Jonas percebe na técnica moderna – ou tecnologia – e que a diferenciam da técnica pré-moderna.

Um dos diferenciais apontados, e que se pretende retomar, é a estreita vinculação entre tecnologia e ciência moderna. Jonas explica que, embora a efetiva fusão entre ciência e técnica tenha se dado apenas no século XIX, através da química e do eletromagnetismo, a posterior *revolução tecnológica* já estava prefigurada na revolução científica.[57] Afinal, toda revolução, enquanto "mudança produzida pelo homem", se inicia no pensamento.[58]

Assim, a tecnologia estava contida como uma possibilidade na metafísica da ciência moderna e preparada como uma prática no procedimento da referida ciência.[59] A metafísica em questão é precisamente a metafísica materialista que, instalada sobre o dualismo maté-

55 JONAS, Hans. *Ensaios filosóficos*, p. 280.

56 OLIVEIRA, Jelson. *Negação e poder*, p. 261.

57 JONAS, Hans. *Ensaios filosóficos*, p. 132.

58 *Ibidem*, p. 88.

59 *Ibidem*, p. 89.

ria-espírito, permitiu *negar* à matéria quaisquer atributos espirituais e, portanto, qualquer finalidade ou valor. Assim se expõe a relação entre niilismo e tecnologia, e podemos falar em um *niilismo tecnológico*.

Em virtude de tomar por objeto a natureza isenta de valores e desincumbir-se da reflexão sobre fins e valores, a racionalidade científica e seu "rebento mais ilustre", a tecnologia e a própria dinâmica futurista desta, seguem marcadas por ambivalência ética. Outro aspecto inerente à tecnologia e que expõe seu niilismo ético é a indistinção entre *poder* e o *exercício* desse poder:

> A pessoa dotada de fala não precisa falar incessantemente e pode muito bem ser, de modo global, taciturna. Também todo conhecimento pode, ao que parece, guardar-se de sua aplicação. Contudo, essa relação tão clara entre poder e fazer, saber e aplicação, posse e exercício de um poder, não vale para o acervo de capacidades técnicas de uma sociedade que, como a nossa, fundamentou toda a sua forma de vida no trabalho e no esforço de atualização constante do seu potencial técnico [...]. Aqui, a coisa se iguala antes à relação entre o poder respirar e o ter de respirar do que entre o poder falar e o falar.[60]

A metáfora da respiração é bastante elucidativa: a tecnologia, como produto da ciência moderna e da metafísica materialista, conhece a vida apenas como automatismo, o que nos remete ao conceito cartesiano de organismos autômatos – tal qual a função respiratória – e nega a mesma vida enquanto subjetividade (a fala seria exemplo de ato voluntário, subjetivo).

A ação humana mediada pela tecnologia, tomada como o empreendimento mais significativo" da humanidade, é um poder cuja "finalidade" é apenas seu próprio exercício. Suas motivações são alegadamente "necessidades" cotidianas, muitas vezes geradas pela pró-

60 JONAS, Hans. *Técnica, medicina e ética*, p. 53.

pria tecnologia. Sentimo-nos à vontade para hipotecar a vida futura em troca de vantagens e necessidades atuais a curto prazo. E, quanto a isso, na maioria das vezes, em função de necessidades autocriadas.[61] É próprio à técnica moderna, de fato, criar desejos e necessidades:

> [...] novas técnicas podem inspirar, produzir, inclusive forçar novos objetivos nos quais ninguém havia pensado antes, simplesmente por meio da oferta de sua possibilidade [...]. A tecnologia acrescenta, pois, aos objetos de desejo e necessidade humanos já existentes, outros novos e insólitos.[62]

Como o niilismo, com suas várias faces, se manifesta na relação médico-paciente?

Desde a última metade do século XX, em coincidência com o maior desenvolvimento da tecnologia biomédica, a relação médico--paciente vem assumindo características *contratuais*, fundadas em consentimentos formais, em substituição ao modelo *fiduciário*, baseado na confiança interpessoal. Essa transformação coincidiu com o declínio de prestígio da autoridade em outras esferas da vida política e social, o que nos remete ao fenômeno do niilismo e sua face de *anomia*.[63]

O nascimento da bioética, no final dos anos 1960, foi marcado pelo combate ao "paternalismo" médico e pela valorização da autonomia do paciente. No entanto, a autonomia foi concebida a partir de uma noção de individualidade "atomística", pressupondo um paciente "autoconfiante, autodirigido e autodeterminado".[64] O termo

61 *Ibidem*, p. 54.

62 *Ibidem*, p. 30.

63 TAUBER, Alfred. Sick Autonomy. *Perspectives in Biology and Medicine*. Baltimore, v. 46, n. 4, 2003, p. 484-495.

64 ROCHA, Antonio Casado da. Back to basics in bioethics: reconciling patient autonomy with physician responsibility. *Philosophy Compass*. Boston, v. 4, 2009.

atomístico é bastante sugestivo, porquanto remete ao método analítico da ciência moderna, que reduz à interação de elementos simples o comportamento sistêmico.

O modelo contratual de relação pressupõe horizontalidade, um equilíbrio de poder na relação médico-paciente que não reflete as demandas do cuidado: "Autonomia individual é um modelo ruim para a ética do cuidado porque sua fundamentação contratual nos induz a desconsiderar a profunda desigualdade da relação de poder entre médico e paciente".

A responsabilidade em moldes jonasianos contempla melhor a experiência do cuidado à pessoa doente, pois mobiliza uma relação não recíproca. A assimetria diz respeito não apenas à desigualdade de saber técnico entre médico e paciente, mas à diferença de *autonomia:* a responsabilidade moral do médico inclui a missão de restaurar a autonomia do paciente, a qual está comprometida pelo adoecer.[65]

Atualmente, a relação médico-paciente ocorre em premissas de responsabilidade contratual, assentada em legalismo formal. Alfred Tauber explicita a transformação precisamente: "rituais de confiança" substituem a confiança orgânica.[66] O termo "orgânico" ressalta que a relação de confiança se dá entre organismos, entre corpos viventes, isto é, quando confiamos em um médico, assumimos que ele traga os nossos melhores interesses no coração.[67] Jonas igualmente o reconhece: "Mas é evidente que [na relação médico-paciente] estão em jogo normas mais sublimes que as puramente contratuais. Podemos falar de uma relação de lealdade sagrada. Estritamente falando, o médico está, por assim dizer, sozinho com o paciente e com Deus.[68]

---

65 *Ibidem*, p. 35.

66 TAUBER, Alfred. Sick Autonomy. *Perspectives in Biology and Medicine.*

67 FRITZ, Zoe; HOLTON, Richard. Too much medicine: not enough trust? *J Med Ethics*. Tehran, v. 45, 2019, p. 31-35.

68 JONAS, Hans. *Técnica, medicina e ética*, p. 146.

O legalismo da bioética principialista nega afinidades entre médico e paciente, excetuando-se aquelas discriminadas em contrato: a bioética tem assumido que compete à moralidade regular a relação entre *estranhos*.[69] O niilismo se manifesta, então, em todas as suas facetas: como negação da autoridade enquanto norma transcendente vinculante; enquanto negação da individualidade orgânica, constituída em relação com o outro; assim como através da negação da afinidade de médico e paciente, enquanto pertencentes a uma só comunidade biótica. Somos praticamente remetidos à analogia da interação entre pontos materiais mediada por leis da física.

Contudo, o niilismo ético não pode transparecer plenamente, pois a modernidade, apesar de ter negado a norma, não destruiu completamente o sentimento por ela e mesmo por determinadas normas.[70] Portanto, parece ingênuo concebermos que um completo "vazio ético" seria aceitável pela civilização tecnológica. Assim, pode-se afirmar, com Álvaro Vieira Pinto: " hoje a técnica necessita revestir-se de valor moral [...]. O saber que antes, repetindo o conhecido aforisma, apenas significava poder, agora significa também valer.[71]

Mas de onde provém o valor positivo da tecnologia? Como ela se torna um *bem* aos olhos do homem contemporâneo? Para Jonas, a resposta a essa pergunta reside na *utopia. Não à toa*, o filósofo dedicou todo o capítulo VI e grande parte do V de *O princípio responsabilidade* à crítica da utopia. Seguir-se-á essa crítica no próximo capítulo deste estudo.

---

69 ELLIOT, Carl. *A philosophical disease:* bioethics, culture, and identity. New York: Routledge, 1999.

70 JONAS, Hans. *O princípio responsabilidade*, p. 65.

71 PINTO, Álvaro Vieira. *O conceito de tecnologia*. Rio de Janeiro: Contraponto, 2005.

PARTE III –
A UTOPIA TECNOLÓGICA

A crítica jonasiana da utopia

A análise do niilismo moderno em suas vertentes cosmológica, antropológica e ética nos revelou um ser humano existencialmente solitário, porquanto estranho à natureza, desprovido de referencial absoluto para suas ações e para sua própria imagem. Restou-lhe apenas a vaga imagem de "fazedor" (*homo faber*) ilimitado, sem metas, cuja vocação é o mero exercício das virtualmente infinitas possibilidades de aquele fazer. Já se sabe também que, para Jonas, o nome de tal vocação é a *tecnologia* ou *técnica moderna*.

Por ter sido alçada à posição de "finalidade-mor", "destino", ou de "empreendimento mais significativo" da humanidade,[1] imagina-se uma atribuição de valor *positivo* à tecnologia; afinal, pela ética, são precisamente os valores que "devem se tornar fins".[2] A utopia seria, para Jonas, justamente o valor positivo da tecnologia, o "epíteto

1 JONAS, Hans. *O princípio responsabilidade:* ensaio de uma ética para a civilização tecnológica. Rio de Janeiro: Contraponto, 2006, p. 53.

2 *Ibidem*, p. 143.

recomendatório da era moderna",[3] conferindo ao agir tecnológico o *status* de uma tarefa não apenas justa e boa, mas também moralmente obrigatória.[4]

Mas que *utopia* é essa? Não se pode ignorar que o termo *utopia* tenha longa tradição histórica, literária e filosófica, o que obriga, por clareza e precisão, a especificar o sentido em que Jonas o emprega. Apenas então será possível acompanhar a crítica jonasiana da utopia.

Ao falar de utopia, Jonas pensa na técnica moderna, mais precisamente na forma de ação humana mediada pela tecnologia. Como já mencionado, um dos traços distintivos do agir tecnológico é sua orientação futurista, seu olhar preferencial ao amanhã. Porém, no contexto niilista moderno – ou seja, de negação de finalidades da ação – ,aquele amanhã é vago, carente de conteúdo, tornando-se desejável, meramente por ser um amanhã, por ser *novo*.

Afinal, para a ciência moderna, conhecer é uma "investigação sem fim" em busca da *novidade*.[5] O "novo" torna-se laudatório, elogioso. Acompanha-se de certo "cansaço" e "impaciência" com as formas de pensar pré-modernas e da convicção de que nós, os modernos, estamos mais bem equipados do que os antigos para descobrir a verdade e melhorar muitas coisas.[6]

Portanto, dentre as diferentes utopias, interessam a Jonas aquelas que sejam construções de um *inédito* futuro, e não o retorno a algum passado glorioso, e que, sobretudo, o referido futuro seja pro-

---

3 OLIVEIRA, Jelson. *Negação e poder:* do desafio do niilismo ao perigo da tecnologia. Caxias do Sul: Educs, 2018, p. 324.

4 JONAS, Hans. *O princípio responsabilidade*, p. 326.

5 OLIVEIRA, Jelson. *Negação e poder:* do desafio do niilismo ao perigo da tecnologia. Caxias do Sul: Educs, 2018, p. 270.

6 OLIVEIRA, *op. cit.*, 2018, p. 270.

duto direto da ação humana, em especial daquela mediada pela técnica moderna.

Em sua pormenorizada análise do pensamento utópico, Karl Mannheim reconhece quatro formas fundamentais de utopias: (1) o milenarismo de Thomas Münzer; (2) a liberal-humanista, construída com base no racionalismo iluminista; (3) a conservadora – forma reativa à utopia liberal; (4) a socialista-comunista, a mais complexa, agregando elementos da utopia liberal, porém com metas e modos de ação mais precisos.[7]

Interessam aqui, em especial, as formas liberal-humanista e socialista-comunista, por se referirem mais proximamente ao contexto moderno. O milenarismo, por seu conteúdo fortemente místico-religioso, distancia-se do ambiente moderno, que é secular. Já a utopia conservadora,[8] tal como compreendida por Mannheim, talvez fosse antes aprovada do que rechaçada por Jonas, uma vez que se constitui numa oposição à utopia liberal-humanista e à sua crença no progresso ilimitado.

Na caracterização da utopia liberal-humanitária, Mannheim destaca a noção de *ideia*, entendida como objetivo formal projetado no futuro infinito, mas cujo conteúdo foi propositalmente mantido *indeterminado*:

---

7 MANNHEIM, Karl. *Ideologia e utopia*. Trad. de Sergio Magalhães Santeiro. Rio de Janeiro: Zahar Editora, 1972, p. 216-271.

8 O termo *utopia conservadora* pode, à primeira vista, parecer contraditório. No ambiente conceitual de Mannheim, contudo, torna-se compreensível. Mannheim define utopia como um "estado de espírito incongruente com a realidade" e que propõe condutas que "abalem a ordem de coisas que prevaleça no momento". Nesse sentido, o pensamento conservador é utópico enquanto reação ao pensamento liberal-humanista, quando este se tornou o pensamento dominante, a *ideologia*, na terminologia de Mannheim. *Ibidem*, p. 216.

> [...] não há nenhum enunciado definido daquilo em que consiste o ideal: em um dado momento consiste na "razão e justiça", que aparecem como o objetivo; em outro consiste no "bem-estar do homem", que ele considera digno do nosso empenho.[9]

Como não vislumbrar nessas palavras a face da técnica moderna, na forma do "progresso", em seu movimento incessante rumo a um futuro vago e não a um *telos* definido? Trata-se também da crença na racionalidade do vir a ser, ou seja, na crença de que a realidade se move continuamente para uma proximidade cada vez maior com o racional.[10] Exemplifica a utopia ideal-humanitária o pensamento de Francis Bacon, como surge em sua obra *Nova Atlântida*.

Respira-se a atmosfera de crença na razão humana, na forma do método experimental aplicado à ciência. A Casa de Salomão, instituto dedicado à pesquisa científica em Nova Atlântida é a metáfora da ciência enquanto *vir a ser*,[11] como processo que se torna a missão maior, a vocação dos homens.

Entretanto, a utopia liberal-humanitária, até aqui caracterizada, é excessivamente abstrata para assumir relevância *política*. Falta-lhe materialidade enquanto dinâmica processual e como teleologia. Tal materialidade só seria fornecida pela utopia socialista-comunista, inspirada sobretudo no pensamento de Karl Marx.

Esse é um dos motivos pelos quais Jonas elege o marxismo[12] como alvo principal de seu *antiutopismo*, pois o filósofo salientou a

---

9 *Ibidem*, p. 246.

10 *Ibidem*, p. 246.

11 VIANA, Fam. *Marx e o labirinto da utopia*. Dissertação (Mestrado em Filosofia) – Pontifícia Universidade Católica de São Paulo, São Paulo, 2010, p. 96.

12 Jonas usa o termo "marxismo" tanto em referência ao pensamento do próprio Marx quanto ao pensamento de seus sucessores, dentre os quais Ernst Bloch mereceu especial atenção do filósofo. Empregaremos o termo de forma análoga.

importância do aspecto prático-político para a ética da responsabilidade, principalmente pela dificuldade de modificar as ações dos homens de hoje com vistas ao bem dos homens de um futuro distante.[13]

Jonas reconhece, inclusive, ser a dimensão prático-política da responsabilidade a mais "fraca" de todo o seu sistema ético.[14] Ao dirigir ao marxismo a sua crítica política à utopia, ele assumiu certos pressupostos julgados inconsistentes por diversos comentadores, uma vez que teria simplificado exageradamente as origens filosóficas do marxismo, ao vinculá-lo tão intimamente ao pensamento baconiano. O filósofo teria confundido pensamento marxista e os regimes socialistas totalitários do século XX, e menosprezado o papel do positivismo na execução da utopia tecnológica, positivismo este que triunfou nas democracias liberais contemporâneas.

Além disso, a própria existência de uma *ética* marxista – assumida por Jonas – é questionada por alguns.[15] Contudo, não é nosso objetivo abordar as inconsistências da compreensão do marxismo por Jonas. Evitar-se-á também a análise jonasiana dos "regimes socialistas concretos" do século XX. Toma-se a crítica à utopia tecnológica, a partir do marxismo, como rica oportunidade para a explicitação da antropologia e da heurística do temor jonasiano.

Como já dito, a responsabilidade jonasiana tem por objeto o Ser, entendido como *totalidade* da biosfera, considerado perecível e singular em seus modos existenciais. Ademais, a responsabilidade se funda no conhecimento do nosso poder sobre aquele Ser, que, no contexto tecnológico, possui magnitude e extensão temporal inédi-

13 JONAS, Hans. *O princípio responsabilidade*, p. 69.

14 *Ibidem*, p. 74.

15 VALVERDE, Antonio. Utopismo e antiutopismo, em Bloch e Jonas. *Revista de Filosofia Aurora*. Curitiba, v. 32, 2020.

tos. Várias dessas características Jonas identifica também em uma ética subjacente ao marxismo.

A primeira coincidência entre a ética marxista e a jonasiana é serem ambas "éticas do futuro", visto que pretendem nortear as ações dos homens de hoje, com vistas a um bem a ser usufruído pelas gerações futuras. A esse respeito, são éticas *horizontais*, porquanto não almejam a um bem transcendente, situado em uma esfera ideal – como sucede ao Eros platônico e à ideia reguladora kantiana –, mas se desenvolvem em regime de imanência.[16]

Adicionalmente, ambas as éticas têm por objeto a *humanidade* em sua existência física e substantiva e concedem relevância aos poderes da técnica moderna. Entretanto, tantas semelhanças não obscurecem as diferenças entre as éticas em questão. Essas diferenças se situam em dois pontos – escatologia e utopia.[17]

A dimensão escatológica da ética marxista diz respeito à expectativa de um estado futuro ideal – a "sociedade sem classes" – quando o "reino da liberdade" se realizará. Jonas identifica no marxismo uma "escatologia secularizada": o "reino da liberdade" desempenharia uma função análoga à do "reino dos céus", porém sem a transcendência deste.[18]

Mas, enquanto a escatologia religiosa atribui seu desenrolar a causas sobrenaturais, o marxismo pressupõe um processo imanente de desenvolvimento. Na filosofia marxista da história vigora o conceito de progresso, enquanto concepção de que passado e presente são meras etapas preparatórias para o futuro.[19] A história seria produ-

16 JONAS, Hans. *O princípio responsabilidade*, p. 211-215.

17 *Ibidem*, p. 56.

18 *Ibidem*, p. 55.

19 *Ibidem*, p. 55.

zida por um jogo de forças, mais precisamente pela luta dialética de classes, aproximando o marxismo da metafísica materialista moderna, que entende a realidade como resultado da interação casual de elementos cegos, sem inteligência ou finalidade.[20]

Tal concepção de história implica em um conceito de homem, ou seja, na noção de que o homem até agora existente não é o homem "verdadeiro", mas antes um homem ainda não ontologicamente pleno. Jonas depreendeu do pensador marxista Ernst Bloch (1885-1977) um desenvolvimento mais claro dessa concepção antropológica, expresso na ontologia do "não ser ainda".

Essa concepção seria esquematicamente definida pela expressão "S ainda não é P", ou seja, o sujeito (S, no caso o homem) até hoje não adquiriu as propriedades (o predicativo P) que *deve* adquirir para se tornar S, ou seja, verdadeiramente humano. Toda a dignidade do ser humano proviria do *futuro:* "Somente o horizonte do futuro, da maneira como o marxismo o obtém, tendo como átrio o passado, confere à realidade sua dimensão real".[21]

Ou seja, apenas a lei marxista da história – o materialismo dialético – engendraria, em um futuro ideal, a dignidade humana. Todos os valores até agora defendidos pelos homens são apenas *meios* para atingir a sociedade sem classes:

> [...] a variação mais elevada do bem supremo na esfera sociopolítica é a sociedade sem classes – logo, ideais como liberdade e igualdade estão na condição de meios para esse fim e obtêm seu valor (que no

20 *Ibidem*, p. 214.

21 BLOCH, Ernst. *O princípio da espera*. Trad. de Nélio Schneider. Rio de Janeiro: EdUERJ/Contraponto, 2006, p. 281.

> caso da liberdade tem sido especialmente ambíguo) do bem sociopolítico supremo.[22]

Mas qual seria o "bem sociopolítico supremo"? Jonas acusa a literatura marxista de indeterminação material a esse respeito. Porém, em Ernst Bloch, mais do que no próprio Marx, julga haver encontrado maiores detalhes do que seria a vida humana sob o "reino da liberdade", embora ainda acuse o pensador marxista de haver recorrido a expressões oraculares e misteriosamente impenetráveis.[23]

Apoiado em Bloch, Jonas revela o conteúdo *positivo* da utopia marxista, ou seja, em referência à fórmula "S ainda não é P", a substância de P. A utopia blochiana interessa sobremaneira a Jonas por pressupor o papel da técnica moderna: "Marx [...], como também seus herdeiros e sucessores, aliava a concretização do socialismo à abundância de produção e à utilidade social do progresso tecnológico".[24]

Porém, o que interessa especialmente à crítica jonasiana é a forma utópica como a tecnologia é assimilada pela teoria marxista. Jonas pensa que o marxismo desconsidera a ambivalência dos efeitos da técnica moderna, tomando-a como um dos requisitos para a construção de um mundo mais justo, no qual o verdadeiro homem poderá nascer. No "reino da liberdade", a tecnologia, livre das amarras capitalistas, poderá ter seu potencial prometeico plenamente explorado.[25] De fato, Bloch se entusiasma com o futuro emprego socialista da tecnologia:

---

22 *Ibidem*, p. 172.

23 JONAS, Hans. *O princípio responsabilidade*, p. 310.

24 VIANA, Fam. *Marx e o labirinto da utopia*, p. 54.

25 JONAS, Hans. *O princípio responsabilidade*, p. 295.

> [...] poderia vicejar a confecção de gêneros alimentícios. Haveria recursos disponíveis até aqui inauditos [...] Fertilizantes artificiais, radiação artificial estão a caminho ou poderiam estar, que estimulam o solo a dar frutos de mil por um [...], com o conceito limítrofe sintético de uma lavoura de cereal que cresce sobre a palma da mão.[26]

A esse respeito Jonas aponta a indiferença do marxista aos possíveis danos à natureza. Ao contrário, Bloch fala em "natureza humanizada" ao referir-se à natureza subjugada aos interesses do homem, tal como ocorreria em "vastos campos de monocultura" ou na criação de animais para fornecimento de carne; essa natureza seria, finalmente, a "pátria" na qual o homem se "sentir[ia] em casa".[27] Nada se contrapõe mais ao pensamento ontológico jonasiano, o qual entende o homem não em isolamento metafísico, mas como ápice de um *continuum* de desenvolvimento da liberdade orgânica.[28]

Interessou especialmente a Jonas a utopia tecnológica como transformadora do trabalho humano, um dos conteúdos mais marcantes da utopia socialista. A desvinculação entre a produção e o trabalho está no centro da concepção marxista do que seria o "reino da liberdade", o qual seria alcançado tornando-se o trabalho desnecessário à subsistência.[29]

Buscando o maior detalhamento possível em seu procedimento imaginativo heurístico, Jonas pergunta: como seria essa existência humana livre da necessidade do trabalho? Em Bloch, Jonas encontra o "reino da liberdade" na forma do *hobby* como profissão, isto é, um

---

26 BLOCH, Ernst. *O princípio esperança*. Trad. de Nélio Schneider. Vols. I, II, III. Rio de Janeiro: EdUERJ/Contraponto, 2005, p. 450-451.

27 *Ibidem*, p. 477.

28 JONAS, Hans. *O princípio responsabilidade*, p. 336.

29 VIANA, Fam. *Marx e o labirinto da utopia*, p. 100.

trabalho realizado "sem coerção", "por prazer", "por amor".[30] Além disso, seria desfeita a oposição entre trabalho "manual" e "intelectual": "Desaparecem as diferenças entre trabalho braçal e intelectual, entre cidade e campo".[31]

Marx fala de um "vir a ser" no qual inexiste a divisão entre trabalho e conhecimento.[32] Bloch atribui a oposição entre corpo e intelecto ao capitalismo, à alienação produzida pelo último. Jonas, contudo, considera que a idealização blochiana de uma existência livre da necessidade do trabalho parte de uma incompreensão da liberdade. Esta, se compreendida pela ontologia da vida, revela-se indissociável da necessidade: sem a necessidade, a liberdade se torna vã, como força sem resistência.[33]

O modo de ser próprio à vida é sempre um "fazer a si mesmo" através da interação com a matéria. Para o organismo, o fazer se torna um dever, um *dever ser*. Portanto, destituir o homem da necessidade do trabalho é roubar-lhe a dignidade, uma vez que ele depende daquela necessidade para *ser*.[34]

Ademais, a oposição entre trabalho intelectual e manual, no entender de Jonas, é antes efeito da metafísica materialista e do dualismo matéria-espírito do que consequência da alienação capitalista. Na acepção jonasiana, a tecnologia, ao atrofiar a componente *corporal* do trabalho, empobrece-o também espiritualmente: "A perda de

---

30 BLOCH, Ernst. *O princípio esperança*, p. 460.

31 *Ibidem*, p. 472.

32 VIANA, Fam. *Marx e o labirinto da utopia*, p. 98.

33 JONAS, Hans. *O princípio responsabilidade*, p. 328.

34 JONAS, Hans. *O princípio vida:* fundamentos para uma biologia filosófica. Trad. de Carlos Almeida Pereira. Petrópolis: Vozes, 2004, p. 106-109; JONAS, *O princípio responsabilidade*, p. 328-329.

atividade manual (e de esforço!) acompanha a perda de atividade intelectual. *Junto com o corpo, também o espírito é desempregado*".[35]

Jonas entende haver entre faculdades "corporais" e "intelectuais" uma situação de "condicionamento recíproco": o trato corporal com a matéria ensina o corpo, os músculos, os sentidos, os nervos e o espírito, na medida em que os emprega a todos, fazendo com que se conheçam e conheçam o objeto.[36]

Mas, para além do caráter desejável – ou não – do ideal utópico, a argumentação jonasiana almeja um nível mais fundamental de crítica ontológica. Jonas combate a ontologia do "ainda não ser" blochiana, reivindicando para o homem a plenitude ontológica em todos os seus momentos existenciais. A dignidade humana, para o filósofo, não reside apenas em um futuro idealizado, mas acompanha o homem ao longo de toda a sua trajetória – passada, presente e futura:

> A simples verdade, nem gloriosa nem deprimente, mas que necessita ser respeitada em toda a sua inteireza, é a de que o "homem verdadeiro" existiu desde sempre – com seus altos e baixos, em sua grandeza e em sua mesquinhez, em seu gozo e em seu tormento, em sua justificativa e em sua culpa, ou seja, em tudo o que não é separável da sua ambivalência.[37]

Por conseguinte, a crítica jonasiana à utopia marxista cumpre a função de iluminar a imagem do homem, ressaltando a vulnerabilidade desta aos efeitos do agir tecnológico, agir este legitimado eticamente pela ontologia do ainda não ser blochiana.

---

35 JONAS, Hans. *O princípio responsabilidade*, p. 317.

36 *Ibidem*, p. 318.

37 JONAS, Hans. *O princípio responsabilidade*, p. 343.

Mas, para aquém das utopias políticas, Jonas dirigiu o seu "medo heurístico" para ameaças à "autêntica existência humana" muito mais mobilizadoras, porquanto mais próximas de nossas vidas cotidianas. Referimo-nos aqui mais exatamente aos impactos da tecnologia biomédica.

No contexto da medicina, no livro *Técnica, medicina e ética,* Jonas constatou e anteviu diversas situações em que o encantamento pelos efeitos da técnica moderna nos leva a ignorar ou negar os modos de ser próprios à vida humana. Dentre as situações abordadas por ele, aquelas em que vislumbrou maior potencial de violência ontológica à humanidade foram os usos das técnicas de manipulação genética. Nessas, o filósofo identificou tamanho potencial de modificação da natureza humana que considerou mais sensato até mesmo evitar-se o início das pesquisas sobre o tema.[38]

Jonas embasa sua argumentação fenomenológica e ontologicamente, apontando as diferenças entre o objeto da engenharia tradicional – a matéria inanimada – e os da nova "engenharia genética". Enquanto na engenharia da matéria inanimada se pode falar em "construção" de entes artificiais, na manipulação genética sempre parte-se de um "todo" orgânico já dado. Ou seja, o organismo já é um ente morfológica e funcionalmente "completo" e, mesmo nas formas mais elementares de vida, bastante *complexo.*

Esta complexidade torna pouco previsíveis os efeitos das intervenções genéticas, especialmente se considerarmos horizontes futuros mais distantes.[39] Em verdade, essas considerações são válidas mesmo para as intervenções não genéticas em sistemas biológicos.

---

38 JONAS, Hans. *Técnica, medicina e ética:* sobre a prática do princípio responsabilidade. São Paulo: Paulus, 2013, p. 171-172.

39 *Ibidem*, p. 175.

São exemplos as diversas situações recentes em que novos fármacos, após haverem sido amplamente utilizados, se revelaram tóxicos.[40]

Nesse contexto, percebemos a crítica jonasiana aplicada à ontologia do "não ser ainda" deslocada do contexto blochiano do trabalho para a existência orgânica do ser humano. Invoca-se a responsabilidade por um modo de ser cuja singularidade, fragilidade e complexidade nos são reveladas tanto pela ciência biológica quanto pela nossa própria experiência como seres vivos.

Tal crítica embasa também a análise das tecnologias de prolongamento da vida, bem como a defesa de um "direito de morrer", realizadas por Jonas no capítulo 11 de *Técnica, medicina e ética*. A leitura combinada desse ensaio com a de "The Burden and Blessing of Mortality", publicado em 1991,[41] mostra como a utopia tecnológica pressupõe ser a morte uma "falha" evitável, e não elemento constituinte da própria vida.

A morte tornou-se estranha e mais assustadora ao homem contemporâneo, e tal estranhamento é mero correlato do estranhamento entre homem e vida, o qual não se observava, por exemplo, na Antiguidade. Note-se que as tragédias homéricas consideravam "homens" e "mortais" termos praticamente sinônimos.[42]

A compreensão do fenômeno vital, a partir de nosso autotestemunho, revela ser a vida também feita de morte, ou seja, a vida é contínua afirmação do ser contra o não ser. A vida diz "sim" a si mesma,

---

40 FORNASIER, Giulia. An historical overview over pharmacovigilance. *Int J Clini Pharm*. Suíça, v. 40, 2018.

41 Traduzido ao português por Wendell Lopes, sob o título *O fardo e a benção da mortalidade*. LOPES, Wendell Evangelista Soares. *Hans Jonas e a diferença antropológica*. São Paulo: Edições Loyola, 2017.

42 JONAS, Hans. *Mortality and morality:* a search for the good after Auschwitz. Edited by Lawrence Vogel. Illinois: Northwestern University Press, 1996, p. 87.

ou seja, manifesta interesse, declara o valor de sua própria existência, e a mortalidade é aquele único portão estreito através do qual o valor – o destinatário de um sim – entra no universo.[43]

Portanto, é o próprio vivente quem afirma o seu valor, e o afirma *sendo*. E o valor abarca a totalidade dos modos de ser do organismo, não afirmando uma sobrevivência sem outras qualificações: o organismo que metaboliza quer manter-se como ser metabolizante; o organismo que sente e se locomove quer manter-se como senciente e cinético; o homem, por sua vez, agrega o pensamento como capacidade imagética e saber sobre si mesmo e a natureza extra-humana e, claro, de fazer escolhas e atribuir valores mediante esse saber.

A capacidade imagética ou eidética subjaz às capacidades humanas para a verdade, para a liberdade e para o juízo moral. Como sucede a qualquer dotação orgânica, a própria *dotação* está incluída entre os intrínsecos bens que ela ajuda a preservar.[44] No contexto humano, os atributos *transanimais*, ou seja, as citadas habilidades que dispõem o homem além da existência animal, constituem uma *imagem* ou *ideia de homem* como dotação a ser preservada.

Qualquer dotação orgânica existe em dialética com a morte. A morte é um "fardo" que faz a vida ser o que ela é. Nesse caso, a dignidade, a ideia de homem, inclui a "apropriação" da morte. O direito à morte aperfeiçoa o direito à vida:

> [...] o médico deveria estar disposto a honrar o sentido essencial da morte para a vida finita (contra sua moderna degradação em um sentido inominável) e não negar a um mortal *como ele* seu privilégio de

43 *Ibidem*, p. 91.

44 *Ibidem*, p. 93

estabelecer uma relação com seu fim próximo – de apropriá-lo à *sua* maneira, seja como entrega, reconciliação ou recusa.[45]

Ou seja, Jonas afirma que o sentido da morte pertence à vida. Negar ao paciente a determinação sobre sua morte é torná-la *inominável*, ou seja, é arrancá-la do modo especificamente *humano* de ser, que inclui a livre construção de imagens, da qual o ato de nomear decorre: a universalidade do nome é a universalidade da imagem.[46] Portanto, a utopia tecnológica do adiamento e eventual supressão da morte pressupõe a negação da vida humana.

Mas, para além do horizonte temporal próximo, como demanda o agir tecnológico, Jonas aponta a deformação existencial de uma humanidade constituída de idosos, na qual se perderia o efeito renovador da natalidade. E até questiona o quão desejável seria, do ponto de vista individual, uma longa vida, dada a limitada capacidade humana de constituição de memórias e identidade.[47] Observa-se, aqui, novamente em ação o procedimento heurístico próprio a Jonas: a imaginação de cenários futuros possíveis e prováveis a partir de saberes próprios ao vivente.

A desconsideração pela dignidade humana[48] não se observa apenas no adiamento indesejado da morte, mas também na anteci-

45 JONAS, Hans. *Técnica, medicina e ética*, p. 262.

46 JONAS, Hans. *O princípio vida*, p. 196.

47 JONAS, Hans. *Mortality and morality*, p. 96-98.

48 O termo *dignidade humana* possui longa e variada tradição, merecendo ser mais bem qualificado. A dignidade foi entendida como atributo natural, resultante quer de outorga divina, quer de propriedades biológicas únicas do ser humano, ou como valor a ser conquistado na esfera pública de ação. Mais recentemente, a dignidade humana tem sido concebida em conexão com a totalidade da biosfera. Por exemplo, a Constituição suíça, desde 1999, refere-se ao "direito da criatura". BECCHI, Paolo. *O princípio da dignidade humana*. Trad. Ubenai Lacerda, Aparecida: Santuário, 2013. Jonas pensa em dignidade

pação dela. Por exemplo, são conhecidas as objeções de Jonas à definição de morte cerebral, entendida como equiparação da disfunção de um órgão (cérebro) à morte de uma pessoa.

Em seu ensaio *Against the stream*, o autor se opõe ao caráter pragmático – voltado à viabilização dos transplantes de órgãos – da então nova (1968) definição "científica" de morte. Denuncia também o dualismo corpo-espírito subjacente a tal definição.[49] Algumas preocupações de Jonas foram premonitórias, como mostra a atualidade do debate bioético envolvendo a interrupção de suportes vitais artificiais e pelos questionamentos éticos e inclusive científicos ao conceito de morte cerebral.[50]

Em suma, a incompreensão ou indiferença diante do fenômeno vital implicam na incompreensão da morte. A "má morte" ou *distanásia* é a morte tomada como insucesso, como fracasso, à luz da metafísica materialista. Já a "boa morte" ou *ortotanásia* é resultado de apreender-se, com base no testemunho do ser vivo, o sentido afirmador e positivo da morte.

A crítica jonasiana da utopia confere maior precisão ao trabalho ético do filósofo: trata-se não de atitude tecnofóbica global, como alguns comentadores sugeriram,[51] mas de identificar e combater a

---

como ideia de homem, concebida de forma imanente, mas não antropocêntrica, em continuidade à vida extra-humana.

49 JONAS, Hans. *Técnica, medicina e ética*, p. 235-250.

50 MILLER, Franklin. *Death, Dying and Organ Transplantation:* reconstructing medical ethics at the end of life. London: Oxford University Press, 2012.

51 Referimo-nos por exemplo a Gérard Lebrun, em seu ensaio "Sobre a tecnofobia", no qual, a partir da análise da obra *La technique* de Jean Pierre Séris, o autor acusa Jonas de "diabolização" da técnica e de não haver empreendido uma necessária "crítica da razão técnica" em moldes kantianos, ou seja, que cuidasse de estabelecer os limites de validade da racionalidade científica. LEBRUN, Gérard. Sobre a tecnofobia. In: NOVAES, A. (Org.). *A crise da razão*. São Paulo: Companhia das Letras, 1996.

dimensão utópica da técnica. Jonas mostra que conhecimento científico e tecnologia não são em si ameaçadores ao Ser do homem e da natureza extra-humana. Ao contrário, o filósofo reconhece a importância do papel que a "jovem ciência ecológica" deve desempenhar para que exerçamos a responsabilidade, porquanto esta pressupõe o saber relativo ao nosso poder. A ameaça ao Ser decorre, também, da ação técnico-científica exercida num contexto de niilismo ético, "adornado", mascarado pela utopia.

No próximo capítulo, será discutido mais especificamente como a medicina tem se transformado, na interação com a tecnologia biomédica. Abordaremos, ainda, duas formas de reação da sociedade a essas transformações. Uma delas, a bioética principialista, hegemônica, de maior estruturação jurídico-institucional; a outra, o movimento *Slow medicine*, originado mais recentemente pela iniciativa espontânea de pacientes e profissionais da saúde.

Abordar-se-á como as propostas de ação do *Slow medicine* indicam insuficiências do principialismo bioético diante do agir tecnológico biomédico, insuficiências que são contempladas pela ética da responsabilidade de Hans Jonas.

Utopia tecnológica e medicina – tensões e respostas à luz do pensamento de Hans Jonas

A análise da prática médica no século XXI nos mostra marcantes diferenças entre esta e aquela vigente duzentos, ou até mesmo cem anos atrás. As diferenças não se notam tanto por os médicos de hoje recorrerem à ciência. Afinal, ao menos desde Hipócrates, a profissão médica sempre teve a seu lado uma ciência – a medicina[1] – afastando-se, assim, da magia. Nesse aspecto, salienta Jonas, a *arte médica* – modo pelo qual o filósofo se refere muitas vezes à profissão médica – se distingue dentre as demais *techne*.[2]

Importa lembrar que as *techne* se uniram efetivamente à ciência apenas na modernidade e, mesmo assim, o fizeram tardiamente, ape-

1 Na terminologia jonasiana, medicina e profissão médica não são o mesmo: a medicina é uma ciência; a profissão médica é o exercício de uma arte baseada nela. JONAS, Hans. *Técnica, medicina e ética:* sobre a prática do princípio responsabilidade. São Paulo: Paulus, 2013, p. 155. Ao longo deste texto, usaremos o termo medicina enquanto "profissão médica", como ação dos médicos *enquanto* médicos. Quando nos referirmos à ciência fundante da medicina, seremos explícitos.

2 *Ibidem*, p. 155.

nas por ocasião da Revolução Industrial ou até mesmo depois dela.[3] A ciência sempre foi para os médicos muito mais do que um instrumento, pois constitui o fundamento de ação, o modo de apreender e de significar saúde, doença e morte.

O exercício da profissão médica na Antiguidade tinha por pressuposto a ciência antiga que, por sua vez, se relacionava à metafísica antiga. Admitia-se um *cosmos,* e a realidade era apreendida como um todo ordenado.

Em tal ordem cósmica, o ser humano não era exceção. A doença era entendida pelo médico antigo como desordem, desequilíbrio entre os quatro humores vitais.[4] Por decorrência lógica, a ação curativa do médico consistia em trazer o organismo doente de volta ao equilíbrio, paradigma expresso pela ideia de *restitutio ad integrum.*

A arte médica somente imitava a natureza, e subjazia a tal atitude mimética um olhar respeitoso e reverente pelo fenômeno da vida, em coerência com o caráter contemplativo da ciência de então. Contemplação e reverência, pela ênfase antes na teleologia que na causalidade eficiente, restringiam a efetividade e o alcance das intervenções terapêuticas.

---

3 JONAS, Hans. *Ensaios filosóficos:* da crença antiga ao homem tecnológico. Trad. de Wendell Evangelista Soares Lopes. São Paulo: Paulus, 2017, p. 85-139.

4 O *Corpus Hippocraticum,* conjunto de mais de cinquenta tratados atribuídos a Hipócrates de Cós (460 a.C. – 370 a.C.), contém a compilação de observações clínicas que representam a primeira tentativa de estabelecer uma ciência médica em bases *empíricas,* bem como especulações sobre as causas das doenças (*etiologia*). A teoria dos quatro humores corporais (bile, flegma, sangue, bile negra), que foi muito influente por séculos, ilustra a integração pressuposta entre o corpo humano e o cosmos, este também constituído pelos quatro elementos sistematizados por Empédocles (água, ar, terra e fogo). GOTTSCHAL, Cam. *Medicina hipocrática:* antes, durante e depois. Coleção Cremers. Porto Alegre: Stampa, 2007.

Essa restrição se expressava tanto na incapacidade de modificar a evolução das doenças, quanto na circunscrição da atenção médica à esfera individual. Mesmo as epidemias – ou "pestes", como eram conhecidas na Antiguidade ou no Medievo – eram entendidas como situações de adoecimento e morte coletivos *qualitativamente* distintos das doenças não epidêmicas.[5]

Apesar de a contagiosidade haver sido notada empiricamente, as pestes eram atribuídas a fatores ambientais, como ilustra a chamada teoria miasmática.[6] O controle ambiental justificava intervenções coletivas de saúde que, embora tangenciassem a atividade profissional do médico, não o removiam do cuidado individual, centrado nas doenças "não epidêmicas".

Considerando a imbricação entre profissão médica e ciência, não é surpreendente que as transformações da última, ocorridas sobretudo a partir da Modernidade, tenham impactado a primeira. Contudo, o impacto só se manifestaria concretamente aos doentes depois de a ciência moderna haver concebido, parido e nutrido seu rebento mais viçoso – a técnica moderna. Apenas por ocasião do século XIX se consolida a simbiose entre ciência e técnica, quando ambas passam a nutrir-se mutuamente, em uma espiral de progresso ilimitado.

Na medicina, o casamento entre ciência e técnica se traduziu em inéditas e impressionantes realizações: controle de doenças infecciosas – inicialmente por antissepsia e imunizações e, posterior-

5 BARATA, Rita de Cássia Barradas. Epidemias. *Cadernos de Saúde Pública*. Rio de Janeiro, v. 3, n. 1, 1987, p. 9-15.

6 Teoria concebida no século XVII por Boyle e Sidehan, que atribuía as "pestes" às partículas invisíveis – os miasmas – que emanavam dos corpos de animais em decomposição ou mesmo por alterações da atmosfera induzidas por fenômenos celestes. *Ibidem*.

mente, por antimicrobianos –, cirurgias complexas e, em época mais recente, a substituição artificial de funções orgânicas (respiração, circulação, função renal). É do conhecimento de todos o significativo aumento da longevidade humana nos últimos cento e cinquenta anos e, certamente, a medicina contemporânea contribuiu para isso, tanto em suas ações coletivas quanto individuais.

A ciência e a técnica modernas trouxeram, ao lado das vistosas realizações, fatores metafísicos e metodológicos que, dada a natureza fundante da ciência para a profissão médica, modificaram os significados que médicos e sociedade atribuem à saúde, à doença e mesmo à finalidade da medicina.

O materialismo moderno, que constitui um monismo da *res extensa*, compreende o organismo como máquina construída ao longo de bilhões de anos de evolução, mediante a combinação aleatória de elementos constituintes, desprovidos de qualquer teleologia ou subjetividade. Sendo máquina, o organismo humano é formado por partes inteligíveis, mas desprovidas de inteligência, e que podem ser abordadas e compreendidas isoladamente. A noção de um "todo" orgânico, no contexto materialista, é abstrata, é teleologia *aparente*. O organismo é, para o materialismo, apenas um dos *muitos* resultados possíveis do processo evolutivo biológico, baseado na seleção de mutações genéticas aleatórias.

A concepção de organismo como apenas *um*, dentre *inúmeros* resultados possíveis do processo evolucionário, destitui aquele organismo de qualquer dignidade epistêmica. Ou seja, o interesse da ciência biomédica se dirige primordialmente às partes constituintes e não ao todo. Dessa guinada metafísica e epistêmica resultam duas consequências mais valiosas para a atividade profissional médica.

A primeira delas é a fragmentação do organismo, conforme campos de estudo, com a correspondente divisão das "especialidades" médicas. Essa divisão, embora como metodologia científica tenha permitido avanços ímpares à ciência biomédica moderna, trouxe o risco de descontinuidade do cuidado, pois aumenta o risco de iatrogenias, comprometendo-lhe a eficiência objetiva e subjetiva.[7] Recentemente, cada vez se reconhece mais a importância do médico generalista para um cuidado de alta qualidade.[8]

A segunda consequência da perda da dignidade do organismo é que no corpo humano não se vislumbra qualquer perfeição inata. Não subsiste mais um ideal de natureza a ser imitada, como valia para a medicina antiga. Portanto, torna-se aceitável não apenas o reparo ou substituição dos componentes, em caso de doença, mas até a eventual reconfiguração daqueles, de maneira a criar uma nova totalidade.

Embalada pela técnica moderna e pela metafísica materialista a ela subjacente, a medicina não mais se restringe à *restitutio ad integrum*, mas se lança à *transformatio ad optimum*, ou seja, à busca de perfeição humana em sentido anatômico, fisiológico, cognitivo e até moral. Essa busca tem sido designada, em língua inglesa, pelo termo *enhancement*.

Novos não são esses desejos de perfeição, mas, sim, a inclusão deles no escopo da medicina. Na Antiguidade, havia ambição de aprimoramento moral, resumida no conceito de *homoiosis theo*, ou

---

7 BARKER, Isaac. Association between continuity of care in general practice and hospital admissions for ambulatory care sensitive conditions: cross sectional study of routinely collected, person level data. *British Medical Journal*. Londres. v. 356, 2017.

8 DOOHAN, Noemi. The Chief Primary Care Medical Officer: restoring continuity. *Annals of Family Medicine*. Sacramento. v. 15, 2017.

seja, no ideal de semelhança aos deuses. Platão considerava que a *homoiosis theo* só seria alcançada por meio da *filosofia*. As únicas intervenções "biológicas", digamos, buscando alguma forma de melhoramento da "natureza humana" na Idade Antiga, foram os infanticídios e o estímulo à procriação seletiva de indivíduos "virtuosos".[9]

Mas tais "procedimentos" não pertenciam ao campo de atuação dos médicos. Ao longo da Idade Média, no contexto da teologia cristã, a natureza, entendida como criação divina, era tomada como "suficientemente perfeita", em conformidade com as finalidades estabelecidas pelo Criador.

A atmosfera filosófica se modifica na modernidade, como ilustrado pelo pensamento de homens como Descartes, Francis Bacon e Marquês de Condorcet.[10] Os três pensadores compartilham do otimismo próprio à modernidade, da pressuposição de que a natureza – tornada matéria reduzida às propriedades geométricas e matemáticas – não oferece limites ao engenho humano, que é intrinsecamente bom.[11] Condorcet se encanta com o ideal de aumento da longevidade e de controle das doenças.[12]

Embora tais pensamentos recebam muitas vezes o epíteto de "utopias médicas", eles não norteavam a atividade profissional dos médicos antes do século XX. Por exemplo, o médico Cristoph Wilhelm Hufeland (1762-1836), em sua obra *A arte de prolongar a*

---

9 WIESING, Urban. The History of Medical Enhancement: From Restitutio ad Integrum to Transformatio ad Optimum? In: GORDIJN, B. (*et al.*). *Medical Enhancement and Posthumanity*. Springer Science + Business Media B.V., 2008, p. 7-22.

10 GORDIJN, Bert; CHADWICK, Ruth. *Medical Enhancement and Posthumanity*. Springer, 2008.

11 JONAS, Hans. *Ensaios filosóficos:* da crença antiga ao homem tecnológico. Trad. de Wendell Evangelista Soares Lopes. São Paulo: Paulus, 2017, p. 129.

12 WIESING, The History of Medical Enhancement.

vida humana, presumia que todos os seres vivos fossem dotados de uma quantidade finita de "força vital" (*vis vitalis*) que pode ser poupada por hábitos saudáveis, mas jamais artificialmente ampliada.[13]

Apenas com o advento do "casamento" efetivo entre ciência e técnica, que se daria sobretudo a partir do final do século XIX,[14] é que a ciência médica liberaria seus poderes realizadores na forma de uma tecnologia. O poder da técnica moderna, como já dito, se concebe como ilimitado, porquanto exercido em um contexto niilista que recusa a definição de finalidades.

É compreensível, portanto, que, em razão da ciência médica ter se tornado tecnologia, ela se exponha às tentações do *poder de segundo grau* da técnica,[15] cujas realizações impulsionaram a medicina além de sua missão tradicional, ou seja, além do paradigma da cura, além da *restitutio ad integrum*. A ampliação dos horizontes de atuação além daquele paradigma da cura deve ser compreendida em dois sentidos. Um primeiro sentido, que se pode denominar *exotérico*, consiste no engajamento da medicina em objetivos estranhos ao seu escopo tradicional de interesse e atuação, ou seja, externos ao binômio saúde-doença. Inclui-se aqui a busca de ideais de aparência corporal, de desempenho cognitivo, esportivo e até mesmo moral "supranormais". Trata-se da persecução de um corpo humano dota-

---

13 *Ibidem*.

14 JONAS, *Ensaios filosóficos*, p 85-139.

15 Jonas, ao referir-se à interação de homem e tecnologia, reconhece poderes de primeiro, segundo e terceiro graus. Primeiro grau: o poder do homem sobre a natureza mediado pela técnica; segundo grau: o poder da técnica sobre o homem, quando esta se autonomiza e se torna uma força autopropulsora que seduz utopicamente o homem; terceiro grau: é o poder limitador do poder de segundo grau, é o poder sobre o poder. É o poder de terceiro grau que é convocado pela responsabilidade do homem pelo Ser. JONAS, Hans. *O princípio responsabilidade:* ensaio de uma ética para a civilização tecnológica. Rio de Janeiro: Contraponto, 2006, p. 237.

do de habilidades consideradas *superiores* qualitativa ou quantitativamente às observadas nos humanos que até hoje viveram.

Estamos diante do já mencionado *enhancement,* o qual tem como adeptos vários pensadores contemporâneos, englobados em uma corrente filosófica conhecida como *transumanismo,*[16] dentre os quais podemos considerar Nick Bostrom, Julian Savulescu, James Hughes, Rayl Kurzwei e Hans Movarec.[17]

Em última instância, estamos diante dos sonhos de homens como Descartes, Bacon e Condorcet tornados possíveis pelos poderes da tecnologia. O envolvimento da medicina com o *enhancement* decorre da indissociabilidade entre profissão médica e ciência médica, ao menos desde Hipócrates. Portanto, à medida que o *enhancement* pressupõe conhecimentos de anatomia, fisiologia, bioquímica, biofísica, farmacologia, enfim, de ciência biomédica, ele está sob a responsabilidade do profissional médico, porque ele é o perito, o detentor do saber que o capacita e – em bases jonasianas – o obriga a limitar o poder daquela ciência.

Pode-se compreender a ampliação dos horizontes de atuação do médico em um segundo sentido, e é este que mais nos interessará, pois o *transumanismo* e o *enhancement* ainda pertencem, em grande

---

16 Relacionado ao transumanismo, mas distinguível deste, encontramos o *pós-humanismo,* o qual, embora compartilhe com o transumanismo a crença no papel transformador da tecnologia, é menos antropocêntrico, toma a ideia mesma de "homem" com um construto cultural do humanismo e nega qualquer "superioridade" ou diferença essencial do ser humano em relação aos outros seres. A título de elucidação, tomemos a metáfora de Haraway, que afirmou "preferir ser um *cyborg* a ser uma deusa". Os pós-humanistas defendem uma integração cultural e conceitual entre os humanos e outros seres vivos e mesmo entre os humanos e as máquinas. Para eles, a tecnologia não é mera prótese, mas um componente integral da identidade humana. OLIVEIRA, Jelson. *Negação e poder:* do desafio do niilismo ao perigo da tecnologia. Caxias do Sul: Educs, 2018, p. 343; 351.

17 *Ibidem*, p. 344.

medida, à esfera da ficção científica, talvez com algumas exceções pontuais, a exemplo da medicina estética e da medicina do esporte.

Esse outro sentido, que se poderia denominar *esotérico,* não é tão estranho ao paradigma tradicional da cura, e seu escopo de atuação ainda poderia ser qualificado como *terapêutico,* ou quando muito preventivo.[18] Afinal, mesmo na contemporaneidade, a medicina não perdeu de vista seu objetivo tradicional, a cura ou a manutenção da saúde, como podemos ler no *website* da Biblioteca Nacional de Medicina dos Estados Unidos, que define medicina como "a ciência e arte que se dedica à manutenção da saúde e à prevenção, alívio ou cura da doença".[19] Trata-se de um foco na saúde entendida especificamente como um *bonum* que é conhecido *a partir* do *malum,* ou seja, da doença:

> [...] o médico tem de identificar seu objetivo próprio. Este é em cada caso a "saúde", e ela é definida pela natureza. Nada há para se inventar, exceto os métodos para se alcançar tal objetivo. O objetivo, entretanto, só passa a ser, antes de tudo, a saúde, por causa da enfermidade. A saúde mesma não chama atenção, nem é também percebida, quando estamos em posse dela.[20]

Tanto a Biblioteca de Medicina dos EUA quanto o trecho de Jonas colocam a saúde e o correlativo combate à doença como metas

18 Não podemos, contudo, deixar de reconhecer que, no contexto tecnológico, a distinção entre terapia e *enhancement* se tornou problemática, pois as mesmas teorias e técnicas são empregadas ora à terapia, ora ao *enhancement.* Assim, por exemplo, as mesmas técnicas de fertilização *in vitro* que se prestam ao tratamento de infertilidade podem ser empregadas com finalidades eugenistas. GORDIJN, Bert; CHADWICK, Ruth. *Medical Enhancement and Posthumanity,* p. 24.

19 FITZGERALD, Kevin. Medical enhancement: a destination of technological, not human, betterment. In: GORDIJN, B. (*et al.*). *Medical Enhancement and Posthumanity,* p. 37.

20 JONAS, Hans. *Técnica, medicina e ética,* p. 156.

centrais da profissão médica. Mas de qual saúde falamos? De qual doença? O texto jonasiano dá indícios: nele desponta uma noção de saúde – ou ao menos *daquela saúde que compete profissionalmente ao médico* – que é conhecida por meio de seu oposto, ou seja, da experiência de doença. A doença contrasta com a invisibilidade da saúde ("a saúde não chama atenção, nem é também percebida"). À semelhança do que fez ao desconstruir a metafísica materialista, Jonas invoca, para a compreensão do binômio saúde-doença, a experiência de "dentro", o testemunho do homem vivo doente.

Tal testemunho é transmitido pelas narrativas dos doentes, e elas nos mostram que a doença é experimentada como frustração de projetos de vida em um contexto de causalidade *corporal*. A doença é vivenciada como um "não se sentir em casa"[21] (*unhomelikeness*) no próprio corpo; o corpo doente é um obstáculo, um estranho, um intruso.[22] É uma experiência que se baseia na compreensão do fenômeno vital como intencionalidade e individualidade construtora de si mesma. E não negligencia a causalidade em seu sentido de experiência corporal.[23]

A ampliação dos horizontes de atuação médica no sentido que denominamos *esotérico* se dá não pela mudança do objetivo profis-

---

21 SVENAEUS, Fredrik. *The Hermeneutics of Medicine and the Phenomenology of Health:* steps towards a philosophy of medical practice. Dordrecht: Kluwer Academic Publishers, 2000.

22 *Ibidem.*

23 Em vários momentos Jonas é enfático em uma concepção de causalidade não como "categoria do entendimento" à maneira de Kant ou como "hábito de associação temporal e espacial" como pensava Hume. Jonas aponta que os dois filósofos se equivocam ao julgar a causalidade como um "acréscimo mental ao material que primariamente nos é dado". A percepção é pressuposta por eles como *neutra,* sendo negligenciada enquanto experiência de interação corporal na qual o filósofo entende estar a gênese da causalidade. JONAS, Hans. *O princípio vida:* fundamentos para uma biologia filosófica. Trad. de Carlos Almeida Pereira. Petrópolis: Vozes, 2004, p. 35-48.

sional do médico – que continua sendo a manutenção da saúde e o combate à doença –, mas pela mudança do *conceito do binômio saúde-doença*, ocorrida no contexto da tecnologia biomédica.

Em muitos momentos, a medicina, quando se entrega passivamente ao poder de segundo grau da técnica, tem ignorado ou mesmo contradito os testemunhos dos doentes enquanto seres humanos suficientemente capazes de verdade, de juízo de valor e de liberdade. Ora, esses elementos constituem precisamente o núcleo da "ideia de homem", da "autêntica existência humana" que o imperativo ético jonasiano pretende resguardar como objeto de responsabilidade.

A medicina contemporânea deforma a existência humana quando atribui à ciência moderna o monopólio da verdade sobre o conceito de saúde e doença; ou quando atribui a desfechos meramente quantitativos – tempo de sobrevida, tempo de sobrevida livre de doença, por exemplo – o sentido e o valor de uma vida.

Caso ouça e priorize o testemunho do doente como ser humano vivo, o médico não tomará por sua missão cuidar de resultados laboratoriais ou de achados "anormais" em exames de imagem, quando eles não indicarem seguramente sofrimentos atuais ou futuros que obstaculizem projetos subjetivos de vida do doente. Deve-se aqui fazer referência ao chamado *overdiagnosis*, ou situações nas quais "diagnósticos" baseados em alterações de exames subsidiários de alta complexidade tecnológica não levam à diminuição de sofrimentos dos pacientes, ao contrário, agregam sofrimentos na forma de ansiedade, de tratamentos desnecessários e eventualmente deletérios.[24]

---

24 WELCH, Gilbert. *Overdiagnosed:* making people sick in the pursuit of health. Beacon Press, 2012.

Insere-se no mesmo contexto o *overuse,* entendido como a utilização excessiva de consultas, exames subsidiários e tratamentos. *Overdiagnosis* e *overuse* são fenômenos próprios ao contexto tecnológico, que trazem sofrimentos desnecessários aos pacientes e comprometem a sustentabilidade econômica e a equidade dos cuidados. O reconhecimento da relevância de *overdiagnosis* e *overuse* resultou em iniciativas de comunidades médicas e de pacientes, no plano mundial, visando à racionalização do emprego da tecnologia biomédica, tal como exemplificam os movimentos *Slow Medicine* e *Choosing Wisely.*

O campo da *saúde mental* é também bastante ilustrativo de uma expansão do conceito de doença que suscita impasses éticos. As doenças mentais são registradas no *Diagnostic and Statistical Manual of Mental Disorders (DSM),* um volumoso catálogo de diagnósticos psiquiátricos que, a cada edição, se torna mais extenso, pois inclui novos conjuntos de sintomas ou padrões comportamentais merecedores de rótulo diagnóstico.

Apesar de a neurofisiologia e a neurofarmacologia modernas não terem sido capazes, até o momento, de fornecer uma explicação causal satisfatória para condições como depressão, transtorno afetivo bipolar, transtorno de atenção e hiperatividade, transtorno esquizoafetivo, dentre outras, o enfoque da medicina contemporânea se volta cada vez mais ao manejo farmacológico daquelas condições.[25,26]

Baseia-se aqui no pressuposto materialista de que a subjetividade é um epifenômeno da matéria, um subproduto "colateral" da

---

25 FREITAS-SILVA, Luna Rodrigues. A determinação biológica dos transtornos mentais: uma discussão a partir de teses neurocientíficas recentes. *Cad. Saúde Pública.* Rio de Janeiro, v. 32, n. 8, 2016.

26 A concomitância entre a expansão dos "diagnósticos psiquiátricos" e a disponibilidade de fármacos capazes de aliviar sofrimentos e modificar comportamentos reforça a dependência da psiquiatria em relação à metafísica materialista.

atividade orgânica. Na concepção epifenomênica, a interação corpo-espírito tem mão única: o corpo produz a subjetividade, mas esta não tem ação causal eficiente sobre o corpo.

Já tivemos oportunidade de conhecer a crítica de Jonas a essa concepção que, no contexto da doença mental, leva a entender uma miríade de comportamentos "desajustados" e afetos humanos desagradáveis como produto do maquinário cerebral. Rebeldia, tristeza, impulsividade, agressividade, desatenção e desinteresse tornam-se *diseases* e, como tal, são excluídas do escopo da liberdade individual e rotuladas como depressão, transtorno afetivo bipolar, transtorno de déficit de atenção e hiperatividade, dentre outros.

A psiquiatria está alicerçada no conceito de doença mental – *mental disorder,* em inglês – e sua credibilidade e coerência como disciplina médica parecem depender da legitimidade daquele conceito.[27] Ou seja, a condição de possibilidade para a psiquiatria como especialidade médica é circunscrever a subjetividade ao reducionismo materialista, ao qual a medicina tem forte adesão. Mas explicar a *res cogitans* a partir da *res extensa,* ao menos desde Descartes, nunca foi tarefa fácil. Uma tentativa – bastante frágil, como vimos – foi o epifenomenalismo. A inconsistência da interação, dado estarem corpo e espírito dissociados pela longa tradição dualista ocidental, se reflete na oscilação de *status* da psiquiatria – ora vista como instituição biomédica, ora como instância *sociopolítica.* A comunidade de profissionais das ciências biológicas e os da saúde não permaneceu,

---

27 WAKEFIELD, Jerome. The concept of mental disorder: diagnostic implications of the harmful dysfunction analysis. *World Psychiatry*. Boston, v. 6, 2007.

claro, indiferente e passiva diante dos dilemas éticos apresentados pela tecnologia.[28]

A resposta começou a se estruturar a partir do final da década de 1960, decorrente do pensamento bioético norte-americano. Embora vários "fundadores" da bioética contemporânea fossem filósofos (Daniel Callahan, por exemplo), e muitos deles, teólogos (Paul Ramsey, James Gustafson, Warren Thomas Reich, dentre outros), a bioética rapidamente se tornou uma ética "aplicada", uma ética exclusivamente médica, voltada sobretudo a resolver conflitos na relação médico-paciente. O pensamento bioético que então se consolidou, teve como pilar a autonomia individual.[29]

Porém, a bioética se desenvolveu marcada pelo contexto sociocultural de seu surgimento, ou seja, secular, capitalista, afirmador dos direitos individuais e negador da autoridade, desaguando em uma concepção atomística de sujeito. O indivíduo – mais exatamente o paciente – foi tomado como autossuficiente legislador de si mesmo. Impossível deixar de reconhecer nesse cenário o niilismo moderno, denunciado por Jonas, pelo qual o homem se concebe em estranhamento com o mundo e como produtor de seu próprio destino.

A bioética assim caracterizada passou a ser conhecida como bioética *principialista*, porquanto se propõe a solucionar os conflitos na medicina tecnológica, usando os chamados quatro princípios da

---

28 Diferentemente dos biólogos e profissionais da saúde, os filósofos contemporâneos, na avaliação de Jonas, foram majoritariamente indiferentes aos impasses éticos criados pela tecnologia. Em seu ensaio *Problemas contemporâneos da ética desde uma perspectiva judaica*, Jonas denuncia o fato de maneira contundente: essa situação [o triunfo da razão científica monopolizadora da verdade] se reflete no fracasso da filosofia contemporânea em oferecer uma teoria ética. JONAS, Hans. *Ensaios filosóficos*, p. 273.

29 TAUBER, Alfred. Sick Autonomy. *Perspectives in Biology and Medicine*. Baltimore, v. 46, n. 4, 2003.

bioética: o já citado príncipio da autonomia, bem como os princípios de beneficência, não maleficência e de justiça. A bioética principialista se organizou de forma notável, do ponto de vista teórico e institucional.

A obra de Tom Beauchamp e James Childress, *Principles of Biomedical Ethics*, que já mereceu diversas edições desde 1977, sendo a última delas em 2019, tornou-se o texto de referência da bioética contemporânea. Comitês e códigos de ética, inspirados na bioética de Beauchamp e Childress, difundiram-se mundialmente. Embora, na América Latina e no Brasil, em particular, a bioética tenha revelado em alguns momentos escopo menos antropocêntrico e situado para além da medicina, a abordagem individualista norte-americana tem sido a hegemônica.[30]

Contudo, não é possível negar que a bioética principialista, apesar do seu viés individualista e antropocêntrico, tenha conseguido orientar o pensamento ético para questões concretas, principalmente aquelas suscitadas pela tecnologia biomédica. Até o surgimento da bioética, no final da década de 1960, a filosofia, em seus círculos mais "acadêmicos", priorizava a *metaética*, ou seja, a análise formal dos juízos morais.

Além disso, desenvolvimentos da psicanálise e da antropologia social, na primeira metade do século XX, questionavam a possibilidade de uma fundação *objetiva* da ética. Os *princípios* da bioética contemporânea reafirmaram a possibilidade de debate objetivo diante de impasses éticos concretos.[31]

---

30 SGANZERLA, Anor. Hans Jonas e a promoção da Bioética Global de VR Potter. *Pensando – Revista de Filosofia*. Teresina, v. 11, n. 24, 2020.

31 TOULMIN, Stephen. Como a medicina salvou a vida da ética. Trad. de Diego Carlos Zanella. *Thaumazein*. Santa Maria, v. 10, 2017.

No entanto, tanto na perspectiva imediata da relação médico-paciente, quanto nas dimensões sociais e ecológicas, a bioética principialista tem revelado insuficiências amplamente notadas. Por exemplo, três destacados bioeticistas – Mark Siegler, Peter Singer e Edmund Pellegrino – reconheceram que a relação médico-paciente se deteriorou mesmo, várias décadas após a "fundação" da bioética. E isso ocorreu apesar de o foco de interesse da bioética principialista se dirigir àquela relação.[32]

Mais recentemente, a bioética tem merecido críticas também por sua indiferença a aspectos sociais, tais como a validade transcultural dos princípios e a equidade de gênero. Também tem sido apontado seu caráter excessivamente pragmatista, carente de um embasamento teórico mais consistente.[33]

Conquanto Jonas tenha participado ativamente do contexto que concebeu a bioética principialista – inclusive como um dos fundadores do *Hastings Center* –, a nascente bioética não incorporou o conceito de responsabilidade jonasiano. Do mesmo modo, a bioética norte-americana restringiu-se ao conceito de responsabilidade *formal,* bastante diversa daquela outra responsabilidade *ontológica,* invocada por Jonas em sua ética. Enquanto a responsabilidade formal se refere à reparação de danos *já ocorridos,* a ontológica tem por objeto o *futuro* do Ser, em sua existência física e substantiva.

Enquanto a responsabilidade formal se fundamenta nos termos do contrato, a ontológica se assenta no "dever ser" do objeto. A responsabilidade formal pressupõe a simetria de liberdade e de poder

---

32 ROCHA, Antonio Casado da. Back to Basics in Bioethics: reconciling patient autonomy with physician responsibility. *Philosophy Compass.* Boston, v. 4, 2009.

33 CALLAHAN, Daniel. Principlism and communitarianism. *Journal of Medical Ethics.* New York, v. 29, 2003.

entre os "contratantes". Já a responsabilidade ontológica é uma relação não recíproca: de um lado, o ser responsável é aquele cujos poder e saber ameaçam a existência física ou substantiva de outro ser; de outro, o objeto de responsabilidade é um ser vulnerável àquele poder. Duas situações arquetípicas" da responsabilidade ontológica, exploradas por Jonas em *O princípio responsabilidade,* trazem elementos que interessam à relação médico-paciente: a relação parental e as obrigações do "estadista".

A relação parental, como já mencionado, foi considerada por Jonas como arquétipo de uma responsabilidade *natural*, orgânica, anterior a qualquer concepção teórica: "o recém-nascido, cujo simples respirar dirige um 'dever' irrefutável ao entorno, o de dele cuidar".[34]

A demanda de cuidado pelo recém-nascido é "irrefutável" porquanto decorre do testemunho da vida: está implantado em nós pela natureza.[35] Embora crianças sejam comumente abandonadas por seus pais, nenhum ser humano adulto, que, inclusive, já foi criança, pode negar quão superlativamente necessidades e vulnerabilidades se manifestam no recém-nato. Também inegável é a assimetria de saber e poder entre pai e filho, e que a responsabilidade do primeiro inclui o desenvolvimento da *autonomia* do segundo.

A responsabilidade do pai pelo filho termina quando este atinge a autonomia própria à vida adulta. Analogamente, a responsabilidade do médico tem por meta a restituição do paciente à condição de saúde. Considerando que a doença desestrutura profundamente o indivíduo – ao promover um desalojamento, um estranhamento entre o *self* e o mundo –, a restituição da saúde é precondição ao exercício da autonomia individual:

---

34 JONAS, Hans. *O princípio responsabilidade,* p. 220.

35 *Ibidem*, p. 170.

> Nós todos valorizamos nossa autonomia, mas estar doente é admitir que nossa individualidade está comprometida. Pacientes engajam-se em uma relação com profissionais de saúde não como iguais a estes, mas o fazem precisamente na esperança de recuperar ou melhorar a autonomia e equidade perdidas.[36]

A comparação entre as relações parental e de cuidado ao paciente, porém, é combatida por aqueles que denunciam o "paternalismo" médico, em situações nas quais o princípio da autonomia seria subjugado pelo princípio de beneficência.[37] Contudo, não é necessária uma oposição entre os dois princípios: tal oposição se desfaz quando se parte de uma concepção "relacional" de indivíduo, deixando-se de entendê-lo, atomicamente, como autossuficiente.[38] Ao contrário, caso retornemos à biologia filosófica de Jonas, recordaremos que a individualidade orgânica se constrói sempre, também, como transcendência, ou seja, abertura ao mundo, ao outro. Mas, para além da relação médico-paciente, o excessivo individualismo da bioética contemporânea negligencia os impactos sociais e ambientais da tecnologia.

Por ser operador da tecnologia biomédica e conhecedor da ciência que a embasa, o médico exerce um poder iluminado pelo saber e pelo livre-arbítrio, elementos que o tornam sujeito de responsabilidade. Mas o saber pressuposto pela responsabilidade é singular, pois excede a ciência que subjaz à técnica.[39]

---

36 ROCHA, Antonio Casado da. Back to basics in bioethics, p. 25.

37 RODRÍGUEZ, Francisco Quesada. *La bioética de la responsabilidad según Hans Jonas*. Madrid: Universidad Pontificia Comillas, 2018, p. 235.

38 ROCHA, Antonio Casado da. Back to basics in bioethics.

39 JONAS, Hans. *O princípio responsabilidade*, p. 71.

Enquanto responsável, o médico deve, portanto, conhecer da forma mais abrangente possível a dinâmica e os efeitos do poder da tecnologia biomédica. Deve compreender a tecnologia como fenômeno social que é, como culminância de esforços nos terrenos político, educacional e organizacional, e reconhecer as implicações econômicas de tal empreendimento.

Já citamos Jonas tratando da questão, mas cremos ser relevante relembrar:

> [...] nossa imagem inicial era a da relação singular entre médico e paciente, como se estivessem a sós no mundo, uma ficção que só expressa a obrigação terapêutica primária do médico, mas não toda a sua obrigação. O plural sempre o acompanha. Pois o médico sempre é também comissionado da sociedade e servidor da saúde pública.[40]

Portanto, se a medicina pré-moderna esteve centrada no indivíduo, o médico, no contexto tecnológico, embora não possa negligenciar o paciente singular diante de si,[41] deve *também* apreender as dimensões *sociais* das suas ações tecnicamente mediadas. Diante da tecnologia, há de se perguntar pela melhor forma de empregá-la, considerando custos, riscos, sustentabilidade econômica e ambien-

---

40 JONAS, Hans. *Técnica, medicina e ética*, p. 163.

41 Uma característica essencial da arte médica é, portanto, que nela o médico tem de se haver a todo o momento com seus iguais, e isso tipicamente no singular. O paciente espera, e precisa poder confiar que o tratamento só diga respeito a si mesmo. (*Ibidem*, p. 157). Trata-se aqui, mais uma vez, da *complementaridade* entre as éticas tradicionais do simultâneo – das quais a ética hipocrática é um exemplo – e a ética da responsabilidade jonasiana. Como o próprio Jonas nos diz: "Decerto que as antigas prescrições da ética "do próximo" – as prescrições da justiça, da misericórdia, da honradez etc. – ainda são válidas em sua imediaticidade íntima, para a esfera mais próxima, quotidiana, da interação humana. Mas essa esfera torna-se ensombrecida pelo crescente domínio do fazer coletivo. JONAS, Hans. *O princípio responsabilidade*, p. 39.

tal. Ou até questionar a necessidade mesma de desenvolver determinadas tecnologias, principalmente quando outros recursos, menos dispendiosos e tão eficazes quanto, estiverem disponíveis.[42]

Todas essas variáveis adentraram a atividade profissional do médico, a qual não mais se *restringe* à relação entre médico e paciente, no singular. Se não se posicionar diante dessas questões, o médico se tornará cúmplice do progresso tecnológico ilimitado ou vítima dele. No primeiro caso, estamos diante da *medicalização*, tão denunciada pelas ciências sociais. São conhecidas a esse respeito, por exemplo, as críticas de Michel Foucault, que identificou na medicina um papel político, na forma de um *biopoder*, de um controle social exercido através dos corpos cientificamente reduzidos.[43]

No segundo caso, ou seja, quando o médico se torna vítima nem sempre consciente do poder tecnológico, estamos diante do fenômeno do *Burnout*, situação extrema de exaustão emocional e perda da realização profissional. Há, inclusive abundantes evidências empíricas da associação entre uso de tecnologia (principalmente tecnologia da informação) e risco de *Burnout*.

Mais recentemente, várias propostas têm surgido na sociedade visando a preencher as lacunas deixadas pelo principialismo bioético. A maioria dessas propostas éticas surgiu em ambiente extra-acadêmico, e seu embasamento filosófico não é preciso. Porém, em muitas delas identificamos elementos que convergem com os princípios da ética da responsabilidade jonasiana. Julgamos o movimento *Slow*

---

42 JOYNER, Michael. Promises, promises and precision medicine. *J Clin Investigation*. Los Angeles, v. 29, n. 3, 2019.

43 FOUCAULT, Michel. *O nascimento da clínica*. Trad. Roberto Machado. Rio de Janeiro: Forense Universitária, 2015.

Medicine como paradigmático de uma ampla e estruturada proposta ética que remete a muitos pressupostos da ética jonasiana.

O primeiro emprego da expressão "slow medicine" é atribuído ao médico cardiologista italiano Alberto Dolara, em 2002, em seu artigo "Invito a una '*slow medicine*'". Nesse texto, Dolara constatou haver uma reação de médicos e pacientes contra a acelerada velocidade do progresso da tecnologia biomédica, contra o movimento autopropulsivo da técnica moderna, diria Jonas.

Dolara aponta diversas situações exemplares nas quais a prudência, a espera, ao invés da intervenção automática e intempestiva, seriam mais compatíveis com a evolução natural das doenças e com os interesses dos pacientes: exames para diagnóstico precoce de câncer, tratamento de doenças cardiovasculares crônicas. Invoca-se uma reverência pelos ritmos próprios ao organismo, visto serem estes últimos mais lentos e graduais do que aqueles próprios à técnica.

A difusão do conceito de "slow medicine" se deu de maneira lenta, a princípio. Em 2005, o jornalista Carl Honoré publicou o livro *In praise of slowness: challenging the cult of speed,* no qual incluiu um capítulo dedicado à "slow medicine". Outro marco da evolução e divulgação do conceito de "slow medicine" foi a obra do médico geriatra Dennis McCullough, intitulada *My Mother, Your Mother,* em 2008.

No mesmo ano, o termo "slow medicine" teve sua primeira presença em uma publicação médica de língua inglesa no editorial *Slow medicine,* de autoria de Ladd Bauer, médico americano. Porém, apenas em 2011 ocorreria a fundação da primeira "Sociedade de slow medicine", na cidade italiana de Torino. Desde então, o movimento vem se organizando crescentemente e, hoje, os conteúdos são produzidos e divulgados em idiomas locais, também na Holanda, Estados Unidos, Reino Unido e Brasil.

Podemos apreender mais claramente os princípios que embasam o *Slow Medicine* pela leitura do *Manifesto*, disponível no sítio eletrônico brasileiro do grupo (www.slowmedicine.com.br/manifesto). No *Manifesto*, três adjetivos foram escolhidos para qualificar a atitude desejável do profissional da saúde na atividade do cuidado – sóbria, respeitosa e justa.

O adjetivo *sóbria* engloba atitudes que remetem ao antiutopismo de Jonas: fazer mais não significa fazer melhor. Trata-se da recusa a entregar-se ao poder de segunda ordem da técnica, a uma dinâmica que se compraz com sua própria eficiência. A premissa ontológica da técnica moderna é a da inquestionada possibilidade de um progresso contínuo, a de que há sempre algo novo e *melhor* a ser encontrado.[44]

A *sobriedade* do cuidado invoca também a plenitude ontológica da vida. Não apenas a vida do paciente singular, mas a de toda a humanidade; e não apenas a vida humana, mas a de toda a biosfera. A abrangência da responsabilidade do cuidado pressuposta pelo *Manifesto* fica evidente: "Uma medicina sóbria implica a capacidade de agir com moderação, de forma gradual e essencial. Utiliza de modo apropriado e sem desperdício os recursos disponíveis. Respeita o ambiente e protege o ecossistema".

Portanto, estamos diante do reconhecimento da necessidade de expandir a ética médica tradicional para *além* da relação médico-paciente, entendida no singular e no agora. A ética demandada pelos novos poderes da tecnologia biomédica, como salienta Jonas, exige, igualmente, enfoque coletivo e transgeracional, ou seja, precisa ser uma ética do futuro.

Prosseguindo no *Manifesto*, lê-se que a medicina deve ser *respeitosa*. Propõe-se, então, a inescapável dimensão individual da vida:

44 JONAS, Hans. *O princípio responsabilidade*, p. 35.

a vida é individualidade autocentrada,[45] afirmadora de si. Ao afirmar-se, ao dizer "sim" a si mesma, a vida estabelece finalidades e, consequentemente, valores (afinal, o valor é o destinatário de todo "sim").

Portanto, a vida, enquanto contínua negação da morte, é o estreito portal por onde o valor pode penetrar no universo.[46] Assim, no *Manifesto*, respeitar a vida é respeitar os valores afirmados por ela; no caso, mais especificamente, aos valores afirmados pelo paciente: "A *Slow Medicine* reconhece que os valores, expectativas e desejos das pessoas são diferentes e invioláveis".

O adjetivo *justa* é o terceiro a qualificar a prática médica. Novamente somos remetidos à dimensão coletiva da medicina no contexto tecnológico. Está incluída a preocupação com o uso apropriado da tecnologia, reconhecendo que ela, por seus inevitáveis custos econômicos, pode contribuir para o acirramento das desigualdades de acesso à saúde: "Uma medicina justa combate as desigualdades e facilita o acesso à saúde e aos serviços sociais, supera a fragmentação dos tratamentos e promove a troca de informações e de experiências entre os profissionais em uma lógica sistêmica".

Em sua palestra de apresentação da iniciativa *Slow Medicine* no Brasil, realizada em 2016, o médico italiano Marco Bobbio confrontou os "modelos" de atuação propostos pela *slow medicine* com aquele praticado pela medicina contemporânea, a *fast medicine*. O primeiro modelo, Bobbio denomina "modelo sistêmico – orientado à saúde"; o segundo, "modelo mecanicista – orientado à doença".[47] A

---

45 JONAS, Hans. *O princípio vida*, p. 101.

46 JONAS, Hans. *Mortality and morality:* a search for the good after Auschwitz. Edited by Lawrence Vogel. Illinois: Northwestern University Press, 1996, p. 91.

47 BOBBIO, Marco. *História e filosofia da Slow Medicine por Marco Bobbio*. Palestra proferida a Faculdade de Medicina da Universidade de São Paulo por ocasião do Lançamento da Slow Medicine Brasil. São Paulo, 19 out. 2016.

análise comparativa de Bobbio nos remete inevitavelmente à crítica jonasiana da metafísica materialista.

Quanto ao *método* de conhecimento, o modelo mecanicista se restringe à compreensão do corpo a partir de suas partes, tomando-o por máquina; concebe os estados de saúde e doença, com base na interação das partes constituintes, e negligencia a dimensão "sistêmica" ou, diria Jonas, orgânica.

Quanto aos *objetivos*, o modelo mecanicista de atuação médica almeja tão somente a correção de desvios de parâmetros quantitativamente definíveis – por exemplo, concentrações de substâncias em fluidos corporais, intensidade de sintomas, tempo de vida, tempo de hospitalização –, desconsiderando as prioridades, preferências e expectativas do paciente, em flagrante indiferença à "interioridade" que Jonas encontra nos modos de ser do organismo.

A partir de tais pressupostos metodológicos e objetivos, Bobbio mostra que, enquanto a *fast medicine trata* disfunções de órgãos ou sistemas específicos, geralmente através da ação independente e incoordenada de diversos especialistas, a *slow medicine* almeja *cuidar* do indivíduo doente, de forma integrada, considerando os diversos fatores – subjetivos, sociais, ecossistêmicos – que condicionam a saúde.

Pode-se notar como diferenças ontológicas determinam distintas concepções de saúde e doença. Assim, a ontologia materialista, ao conceber o corpo do paciente como máquina, considera ser a finalidade daquele corpo definida "de fora", pelo "cientista" que a estuda e lhe atribui "funções". Assim, saúde passa a ser sinônimo de alcançarem-se metas de funcionamento físico, psíquico e social.

Diferentemente, a ontologia que leva em conta o testemunho da vida entende a saúde como a inserção harmoniosa do indivíduo no meio físico e social que o rodeia. Afinal, o indivíduo *vivo* não é aquele pressuposto em isolamento e autossuficiência e, sim, o que se constrói na transcendência, na abertura ao outro.

Apesar de não encontrarmos, nos mais atuantes membros do movimento *Slow Medicine,* referências diretas à teoria de Hans Jonas, as aproximações entre ambas as críticas do agir tecnológico são evidentes. Ambas apontam a inadequação do reducionismo mecanicista à ontologia orgânica. Sobressai também a semelhança da componente *prudencial* que marca ambas as propostas éticas.

Em Jonas, a prudência invocada pela heurística do temor funda-se na *incerteza* dos impactos do agir tecnológico sobre a existência física e substantiva de um Ser precioso e vulnerável. Mas não se entenda tal incerteza como total desconhecimento, ao contrário. A responsabilidade decorre justamente da possibilidade de um saber relativo ao *malum* antecipado imaginativamente.

No contexto da medicina, o movimento *Slow Medicine* advoga também a prudência na assimilação de novas tecnologias, mas sem descartar ou desvalorizar o desenvolvimento da ciência.[48] Trata-se de estabelecer critérios para o emprego da tecnologia, de evitar a passividade diante do poder de segunda ordem da técnica. A utopia tecnológica, fundada no pressuposto de que o novo seja sempre preferível, deve ser combatida.

Entretanto, sendo a tecnologia empreendimento público, as decisões a ela referentes têm, inevitavelmente, uma dimensão política. Sob essa ótica, a prudência invocada pela responsabilidade deve nor-

---

48 Marco Bobbio ressalta que as decisões clínicas devem ser *mediadas pelo conhecimento científico,* embora sempre considerando o contexto social e pessoal. BOBBIO, Marco. *História e filosofia da Slow Medicine por Marco Bobbio.*

tear os discursos públicos, no sentido de exigir dos proponentes da inovação o ônus de comprovar a inofensividade das novas técnicas.[49]

Enfim, consideramos que o debate público, envolvendo todos os profissionais da saúde, pacientes, gestores públicos e privados dos recursos de saúde, seria enriquecido pela incorporação do princípio responsabilidade jonasiano. Iniciativas como a do movimento *Slow Medicine* apontam nessa direção.

49 LOPES, Wendell Evangelista Soares. A heurística do temor em Hans Jonas. *Anais do XVII Simpósio de Filosofia*. Brusque, Faculdade São Luiz, 2019, p. 28-43.

Considerações finais

A ética da responsabilidade jonasiana tem recebido algumas críticas, sobretudo na sua dimensão política. Julgamos que as referidas críticas nos auxiliem a compreender o real escopo e singularidade da filosofia jonasiana.

Alguns autores indicam que Jonas haveria *hipostasiado* o fenômeno tecnológico,[1] ao desvinculá-lo do contexto capitalista em que se desenvolveu. O filósofo é considerado por alguns um *liberal,* que desqualifica *a priori* o potencial transformador da utopia marxista e menospreza o papel da aliança entre positivismo e capitalismo na constituição do fenômeno tecnológico.[2]

Muitas críticas também se dirigem à heurística do medo jonasiana. Questiona-se a eficácia política de um medo tão somente

---

1 LEBRUN, Gérard. Sobre a tecnofobia. In: NOVAES, A. (Org.). *A crise da razão*. São Paulo: Ed. Companhia das Letras, 1996.

2 VALVERDE, Antonio. Utopismo e antiutopismo, em Bloch e Jonas. *Rev. Filosof. Aurora*. Curitiba, v. 32, 2020.

imaginado e não experimentado na realidade.[3] A prudência exigida por Jonas seria uma recusa à crítica da razão técnica, em termos kantianos, ou seja, a pergunta pelos *limites de possibilidade* do discurso. Jonas teria substituído a crítica pelo afastamento fóbico.[4]

Alguns comentadores também citam inconsistências nas críticas jonasianas à teoria kantiana. Consideram que o imperativo categórico kantiano já subentenda a responsabilidade pela humanidade futura, ao prescrever que a humanidade na pessoa do outro seja tratada sempre como fim, e não apenas como meio. Tal mandamento teria a finalidade, justamente, de assegurar uma extensão temporal indefinida à noção de homem, à semelhança do que almeja o imperativo jonasiano.[5]

Avaliamos que tais críticas, embora internamente consistentes, não neguem a originalidade do conceito jonasiano de responsabilidade, bem como seu papel enriquecedor do discurso ético contemporâneo.

Quanto à acusação de "liberal" e indiferente às condicionantes capitalistas e positivistas da tecnologia, diríamos que Jonas entendeu ser a tecnologia produto de pressupostos metafísicos enraizados na modernidade, compartilhados pelo capitalismo e pelo socialismo. Para o filósofo, tais pressupostos são o que ele denomina metafísica materialista, a qual, caso não enfrentada, levará tanto capitalismo quanto socialismo a sucumbirem ao poder de segunda ordem da técnica.

---

3 SÈVE, Bernard. O medo como procedimento heurístico e como instrumento de persuasão em Hans Jonas. In: NOVAES, Adauto (org.). *Ensaios sobre o medo*. São Paulo: Edições Sesc, 2007.

4 LEBRUN, Gérard. Sobre a tecnofobia.

5 ZANCANARO, Lourenço. Singularidades e dificuldades do pensamento de Hans Jonas. *Revista Bioethikos*. São Paulo, v. 5, 2011.

A priorização, por Jonas, da crítica ao marxismo decorreu de este representar o único discurso político contemporâneo a considerar seriamente o futuro remoto da humanidade. No espectro capitalista-liberal, diferentemente, Jonas não encontrou discursos que se situassem além do utilitarismo, do hedonismo, da ética da simultaneidade.[6] O procedimento imaginativo heurístico jonasiano exige, outrossim, o acesso a horizontes temporais futuros. Pelo mesmo motivo, a crítica jonasiana do marxismo centrou-se não na análise dos regimes "socialistas" existentes no século XX; antes, se inspirou na imaginação de cenários *futuros* ameaçadores da autêntica existência humana.

A acusação de tecnofobia também não procede inteiramente, dada a importância que a ética jonasiana confere ao papel da ciência e da técnica, enquanto essenciais para a construção da "futurologia comparativa", para a antecipação das ameaças ao Ser. Jonas combate não a ciência, mas a crença – injustificada e utópica – de que a ciência é, ou algum dia será, capaz de eliminar as incertezas inerentes ao agir tecnológico.[7]

Quanto à relação entre a filosofia kantiana e a jonasiana, claramente não existe um confronto entre ambas: aliás, a forma *imperativa* de ambas as éticas já é uma significativa aproximação. Em vários momentos Jonas afirma a *complementaridade* da ética da responsabilidade em relação às demais. Wendell Lopes o afirma de maneira precisa: "Jonas não desconsidera a importância e complementaridade das éti-

---

6 JONAS, Hans. *O princípio responsabilidade:* ensaio de uma ética para a civilização tecnológica. Trad. de Marijane Lisboa, Luiz Barros Montez. Rio de Janeiro: Contraponto Ed. PUCRio, 2006, p. 241-250.

7 LOPES, Wendell Evangelista Soares. *Hans Jonas e a diferença antropológica*. São Paulo: Edições Loyola, [2017] 2019.

cas anteriores [...], apenas aponta o fato de que a ética precisa alçar questões mais radicais, devido às novas dimensões da tecnologia".[8]

A maior "radicalidade" da ética jonasiana é *ontológica* e se expressa na sua pretensão de assegurar a existência futura de agentes morais, existência pressuposta pelas éticas anteriores.

Análoga relação se observa entre a responsabilidade médica "hipocrática" e a responsabilidade jonasiana. Decerto, várias das prescrições do *Corpus Hippocraticum* permanecem válidas e não são refutadas pela ética jonasiana. Inclusive, o respeito da medicina hipocrática pela natureza viva – a função do médico era a de auxiliar a natureza no processo de cura – é bastante alinhada ao repúdio jonasiano pela "perfectibilidade" enquanto ideal ético.[9]

Também não seria apropriado considerar que a ética jonasiana *refute* a bioética principialista. Esta foi uma resposta aos impasses éticos da medicina tecnológica com méritos inegáveis: trouxe objetividade ao debate ético, liberando-o de um paralisante relativismo; dirigiu o debate à casuística, ou seja, às dificuldades postas pela tecnologia biomédica nas situações clínicas diárias. O enfoque casuístico deslocou o olhar ético do dever para a virtude, recuperando algo de uma ética teleológica nos moldes da sabedoria prática (*phronesis*) aristotélica, em contraste com a ética *deontológica,* fundada no dever expresso pelos quatro princípios.[10] Desde a década de 1990, a teoria bioética tem concedido espaço crescente à virtude profissional. Tal importância fica patente em obras como *The Virtues in*

---

8 *Ibidem.*

9 JONAS, Hans. *Técnica, medicina e ética:* sobre a prática do princípio responsabilidade. São Paulo: Paulus, 2013, p. 305.

10 TOULMIN, Stephen. *Como a medicina salvou a vida da ética.* Trad. de Diego Carlos Zanella. Santa Maria: *Thaumazein,* v. 10, 2017.

Medical Practice, de Edmund Pellegrino e David Thomasma, e mesmo no crescente destaque que a ética das virtudes vem recebendo a cada nova edição de *Principles of Biomedical Ethics*, de Beauchamp e Childress. Nessa obra, referência para a bioética, as edições mais recentes incluem o capítulo "*Moral Character*", que versa exatamente sobre os traços de caráter ou virtudes necessárias ao profissional da saúde, a saber: compaixão (*compassion*), discernimento (*discernment*), confiabilidade (*trustworthiness*), integridade (*integrity*) e conscienciosidade (*conscientiousness*).[11]

Ora, a ética da responsabilidade de Jonas possui elementos teleológicos, afinal o filósofo identifica finalidade e valor como imanentes à existência orgânica. Enquanto a ética da virtude pressupõe a imagem do que constitui "ser uma boa pessoa",[12] Jonas invoca analogamente a "imagem do homem" a ser zelada como objeto da responsabilidade. Além disso, a noção de virtude ressalta o aspecto afetivo e corpóreo da ética. Analogamente, Jonas parte da experiência do ser vivo enquanto organismo conhecedor dos modos de ser próprios à vida. Porém, como ressalta Wendell Lopes, não se pode exagerar a aproximação entre a *phronesis* aristotélica e a prudência recomendada pela heurística do temor jonasiana. Enquanto a primeira é fundamentalmente um *saber* prático, o temor jonasiano pressupõe certa *ignorância* quanto aos efeitos do agir tecnológico, ignorância que é acentuada pela ambivalência da técnica moderna.[13]

---

11 BEAUCHAMP, Thomas; CHILDRESS, James. *Principles of Biomedical Ethics*. New York: Oxford University Press, 2019, p. 31-64.

12 PELLEGRINO, Edmund; THOMASMA, David. *The Virtues in Medical Practice*. New York: Oxford University Press, 1993, p. 22.

13 LOPES, Wendell E. A heurística do temor em Hans Jonas. *Anais do XVII Simpósio de Filosofia*. Brusque, Faculdade São Luiz, 2019, p. 28-43.

Contudo, a bioética principialista pouco desafia os pressupostos materialistas da sociedade tecnológica. A sua defesa aguerrida da autonomia individual, baseada na noção atomística de indivíduo, e não por um conceito de individualidade que se constrói na abertura ao outro, funda-se em uma metafísica materialista, a qual, como salienta Jonas, ignora ou nega os modos de ser próprios à vida.

A colisão entre a experiência de ser vivo e o agir tecnológico tem emanado das narrativas de médicos e pacientes. Já citamos um exemplo muito ilustrativo, a iniciativa *Slow Medicine*. Todavia, há várias outras vozes que sinalizam o mal-estar diante da medicina tecnológica contemporânea. Observa-se, por exemplo, na introdução da obra *Why We Revolt*, do médico Victor Montori, a referência a uma "assistência industrial à saúde" [*industrial health care*]:

> A assistência industrial à saúde fracassa em reconhecer os pacientes. Ela padroniza práticas para *pacientes como este*, ao invés de cuidar *deste paciente*. A especialização eficiente e escopos profissionais restritos direcionam a assistência industrial a órgãos, doenças ou resultados de exames [...]. A assistência industrial à saúde visa a produzir riqueza e poder. Ao focar em suas metas industriais, a assistência negligencia o cuidado.[14]

Contudo, discursos como esse carecem de fundamentação objetiva e rigor conceitual para que sejam politicamente efetivos.

---

14 Industrial healthcare fails to notice patients. It standardizes practices for *patients like this*, rather than caring for *this patient*. Efficient specialization and narroaw job definitions drive industrial healthcare's focus towards organs, diseases and test results [...]; industrial healthcare marches on to produce fortune and power. By focus ingonits industrial go als, healthcare forgoes caring. MONTORI, Victor de. *Why We Revolt*. Rochester: The Patient Revolution, 2017.

Tal fundamentação deve se desenrolar em terreno metafísico. Ao denunciar-se uma "assistência industrial à saúde", que visa apenas à "riqueza e poder", sugere-se a incompatibilidade entre a vida humana autêntica, demandada por médicos e pacientes, e os pressupostos *metafísicos* da técnica moderna. Afinal, esta dispõe de seus objetos, negando-lhes qualquer valor intrínseco, tomando-os por *res extensa,* desprovida de qualquer subjetividade.

Desenvolvido no contexto de niilismo ético, o único "valor" do agir tecnológico é seu próprio poder, como alcance de desfechos quantificáveis. Esses pressupostos metafísicos se tornam inaceitáveis quando confrontados com os modos de ser próprios ao organismo, explicitados pela biologia filosófica jonasiana.

A fundamentação metafísica nos leva ao conhecimento de uma totalidade vital na qual o homem está inserido. Os modos de ser daquela totalidade não se esgotam – e são muitas vezes negados – pela ciência moderna e pela filosofia analítica contemporânea.[15]

Munido desse saber metafísico, que não nega, mas transcende o conhecimento científico moderno, o médico vê sua responsabilidade expandir-se para além da execução eficiente de tarefas, para além da utopia tecnológica, para além de um contrato de prestação de serviços.

A responsabilidade médica, no contexto da técnica moderna, abarca todos os seres que empreendem e sofrem os efeitos da tecnologia biomédica, ou seja, a humanidade atual e futura, assim como a totalidade da biosfera.

15 JONAS, Hans. *Técnica, medicina e ética*, p. 320-321.

Referências bibliográficas

Bibliografia básica

BEAUCHAMP, Thomas; CHILDRESS, James. *Principles of Biomedical ethics*. New York: Oxford University Press, 2019.

BLOCH, Ernst. *O princípio esperança*. Trad. de Nélio Schneider. Vols. I, II, III. Rio de Janeiro: EdUERJ/Contraponto, 2005.

JONAS, Hans. On the power or impotence of subjectivity. In: SPICKER, S. F.; ENGELHARDT JR., H. T. (Eds.). *Philosophical Dimensions of the Neuro-Medical Sciences*. Springer, 1975, p. 143-161.

________. *Mortality and morality:* a search for the good after Auschwitz. Edited by Lawrence Vogel. Illinois: Northwestern University Press, 1996.

________. *O princípio vida:* fundamentos para uma biologia filosófica. Trad. de Carlos Almeida Pereira. Petrópolis: Vozes, 2004.

________. *O princípio responsabilidade:* ensaio de uma ética para a civilização tecnológica. Trad. de Marijane Lisboa, Luiz Barros Montez. Rio de Janeiro: Contraponto;Ed. PUCRio, 2006.

________. O fardo e a benção da mortalidade. Trad. de Wendell Evangelista Soares Lopes. *Princípios*. Natal, v. 16, n. 25, p. 265-281, 2009.

________. *Técnica, medicina e ética:* sobre a prática do princípio responsabilidade. Trad. do Grupo de trabalho Hans Jonas (Anpof). São Paulo: Paulus, 2013.

________. *Ensaios filosóficos:* da crença antiga ao homem tecnológico. Trad. de Wendell Evangelista Soares Lopes. São Paulo: Paulus, 2017.

LOPES, Wendell Evangelista Soares. *Hans Jonas e a diferença antropológica*. São Paulo: Edições Loyola, 2017.

OLIVEIRA, Jelson. *Negação e poder:* do desafio do niilismo ao perigo da tecnologia. Caxias do Sul: Educs, 2018.

RODRÍGUEZ, Francisco Quesada. *La bioética de la responsabilidad según Hans Jonas*. Madrid: Universidad Pontificia Comillas, 2018.

Bibliografia complementar

BACON, Francis. *Nova Atlântida e A Grande Instauração*. Trad. de Miguel Morgado. Lisboa: Edições 70, 2008.

BARATA, Rita de Cássia Barradas. Epidemias. *Cadernos de Saúde Pública*. Rio de Janeiro, v. 3, n. 1, 1987, p. 9-15.

BARKER, Isaac. Association between continuity of care in general practice and hospital admissions for ambulatory care sensitive conditions: cross sectional study of routinely collected, person level data. *British Medical Journal*. Londres, v. 356, 2017.

BECCHI, Paolo. *O princípio da dignidade humana*. Trad. Ubenai Lacerda. Aparecida: Editora Santuário, 2013.

CALLAHAN, Daniel. Principlism and communitarianism. *Journal of Medical Ethics*. New York, v. 29, 2003.

CENTERS FOR DISEASE CONTROL AND PREVENTION. *The US Public Health Service Syphilis Study at Tuskegee*. 22 abr. 2021. Disponível em: https://www.cdc.gov/tuskegee/timeline.htm. Acesso em: 11 set. 2021.

COELHO, Elisa Quaresma; COELHO, Augusto Quaresma; CARDOSO, José Eduardo. Informações médicas na internet afetam a relação médico-paciente? *Revista Bioética*. Brasília, v. 21, 2013, p. 142-149.

DIÁRIO OFICIAL DA UNIÃO. Brasília, Seção 1, n. 216, 10 nov. 2016, p. 566.

DYRBYE, Liselotte (*et al.*). A cross-sectional study exploring the relationship between burnout, absenteeism and job performance among American nurses. *BMC Nurs*. Londres, v. 18, 2019, p. 57.

DOOHAN, Noemi. The Chief Primary Care Medical Officer: restoring continuity. *Annals of Family Medicine*. Sacramento, v. 15, 2017.

ELLIOT, Carl. *A Philosophical Disease:* bioethics, culture, and identity. New York: Routledge, 1999.

FEENBERG, Andrew. *Critical Theory of Technology*. New York: Oxford University Press, 1991.

FERRATER MORA, José. *Dicionário de filosofia*. São Paulo: Loyola, 2000.

FITZGERALD, Kevin. Medical enhancement: a destination of technological, not human, betterment. In: GORDIJN, B. *Medical Enhancement and Posthumanity*. Springer Science + Business Media B.V., 2008.

FONSECA, Lilian S. Godoy. A aplicação da Teoria da Responsabilidade e o horizonte de futuro segundo Jonas. *Anais do XVII Simpósio de Filosofia*. Brusque, Faculdade São Luiz, 2019.

FORNASIER, Giulia (*et al.*). An historical overview over pharmacovigilance. *Int J Clinic Pharm*. Suíça, v. 40. 2018, p. 744-747.

FOUCAULT, Michel. *O nascimento da clínica*. Trad. Roberto Machado. Rio de Janeiro: Forense Universitária, 2015.

FREITAS-SILVA, Luna Rodrigues. A determinação biológica dos transtornos mentais: uma discussão a partir de teses neurocientíficas recentes. Cad. Saúde Pública. Rio de Janeiro, v. 32, n. 8, v. 32, n. 8, 2016.

FRITZ, Zow; HOLTON, Richard. Too much medicine: not enough trust? *J Med Ethics*. Tehran, v. 45, 2019, p. 31-35.

GORDIJN, Bert; CHADWICK, Ruth. *Medical Enhancement and Posthumanity*. Springer, 2008.

GOTTSCHAL, Cam. *Medicina hipocrática:* antes, durante e depois. Porto Alegre: Stampa, Coleção Cremers, 2007.

HEIDEGGER, Martin. *A questão da técnica*. São Paulo: Scientiae Studia, 2007, p. 375-398.

HOLM, S. Not just Autonomy – the principles of American biomedical ethics. *J Med Ethics*. Tehran, v. 21, 1995, p. 332-338.

JOYNER, Michael; PANETH, Nigel. Promises, promises and precison medicine. *J Clin Investigation*. Los Angeles, v. 29, n. 3, 2019, p. 1-3.

LEBRUN, Gérard. Sobre a tecnofobia. In: NOVAES, A. (Org.). *A Crise da Razão*. São Paulo: Cia das Letras, 1996, p. 471-494.

LOPES, Wendell Evangelista Soares. A heurística do temor em Hans Jonas. *Anais do XVII Simpósio de Filosofia*. Brusque, Faculdade São Luiz, 2019.

MANNHEIM, Karl. *Ideologia e utopia*. Trad. de Sérgio Magalhães Santeiro. Rio de Janeiro: Zahar Editores, 1972.

MARCUSE, Herbert. *One-Dimensional Man:* studies in the ideology of advanced industrial Society. Boston: Beacon Press, 1991.

MARX, Karl. *O Capital:* crítica da economia política. Livros I, II e III. Trad. de Rubens Enderle. São Paulo: Boitempo, 2017.

MASLACH, Cristina; JACKSON, Susan; LEITER, Michel. *Maslach Burnout Inventory Manual*. Consulting Psychologists Press, 1996.

________; SCHAUFELI, Wilmar; LEITER, Michel. Job burnout. *Ann Rev Psychology*. Washington, v. 52, 2001, p. 397-422.

MILLER, Franklin. *Death, Dying and Organ Transplantation:* reconstructing medical ethics at the end of life. London: Oxford Univesity Press, 2012.

MONTORI, Victor de. *Why We Revolt*. Rochester: The Patient Revolution, 2017.

MORATALLA, Domingo. Medicina. In: OLIVEIRA, J.; POMMIER, E. *Vocabulário Hans Jonas*. Caxias do Sul: Educs, 2019.

PELLEGRINO, Edmund D.; THOMASMA, David C. *The Virtues in Medical Practice*. New York: Oxford University Press, 1993.

PESSINI, Leo. As origens da bioética: do credo bioético de Potter ao imperativo bioético de Fritz Jahr. *Rev. bioét*. Brasília, v. 21, 2013, p. 9-19.

PINTO, Álvaro Vieira. *O conceito de tecnologia*. Rio de Janeiro: Contraponto, 2005.

REBOLLO, Regina Andrés. *William Harvey e a descoberta da circulação do sangue*. São Paulo: Editora Unesp, 2013.

ROCHA, Antonio. Back to basics in bioethics: reconciling patient autonomy with physician responsibility. *Phylosophy Compass*. Boston, v. 4, 2009, p. 56-68.

SEIDLEIN, A. H.; SALLOCH, S. Illness and disease: an empirical-ethical viewpoint. *BMC Medical Ethics*. Londres, v. 5, 2019.

SGANZERLA, Anor; MORETTO, Giovani. Hans Jonas e a ética em pesquisa. *Dissertatio*. Pelotas, v. suplementar 7, 2018.

SGANZERLA, Anor; ZANELLA, Diego Carlos (organizadores). *A bioética de V. R. Potter:* 50 anos depois. Curitiba: PUCPRESS, 2020.

STEHMAN, Christine. Burnout, dropout, suicide: Physician loss in emergency medicine, part I. *West J Emerg Med*, v. 20, n. 3, 2019, p. 485-494.

SVENAEUS, Fredrik. *The Hermeneutics of Medicine and the Phenomenology of Health:* steps towards a philosophy of medical practice. Dordrecht: Kluwer Academic Publishers, 2000.

TAUBER, Alfred. Sick autonomy. *Perspectives in Biology and Medicine*. Boston, v. 46, 2003, p. 484-495.

TOULMIN, Stephen. *Como a medicina salvou a vida da ética*. Trad. de Diego Carlos Zanella. Santa Maria: Thaumazein, v. 10, 2017, p.109-121.

VALVERDE, Antonio. Utopismo e antiutopismo, em Bloch e Jonas. *Rev. Filosof. Aurora*. Curitiba, v. 32, 2020, p. 680-698.

VIANA, Fam. *Marx e o labirinto da utopia*. Dissertação (Mestrado em Filosofia) – Pontifícia Universidade Católica de São Paulo, São Paulo, 2010.

WAKEFIELD, Jerome. The concept of mental disorder: diagnostic implications of the harmful dysfunction analysis. *World Psychiatry*. Boston, v. 6, 2007, p. 149-156.

WELCH, Gilbert. *Overdiagnosed:* making people sick in the pursuit of health. Beacon Press, 2012.

WIESING, Urban. The History of Medical Enhancement: From Restitutio ad Integrum to Transformatio ad Optimum? In: GORDIJN, B. *Medical Enhancement and Posthumanity*. Springer Science + Business Media B.V., 2008, p. 7-22.

ZANCANARO, Lourenço. Singularidades e dificuldades do pensamento de Hans Jonas. *Revista Bioethikos*. São Paulo, v. 5, 2011, p. 161-170.

Publicações na Internet

BIROLINI, Dario. Conceito. Slow Medicine BR. Disponível em: https://www.slowmedicine.com.br/conceito/.

BOBBIO, Marco. *História e filosofia da Slow Medicine por Marco Bobbio*. Disponível em: https://youtu.be/cd7Mo31bsKs. Acesso em: 22 ago. 2021.

D'ALESSANDRO, MPS. *Manual de cuidados paliativos*. Ministério da Saúde; Hospital Sírio-Libanês, 2020. Disponível em: https://antigo.saude.gov.br/images/pdf/2020/ September/17/Manual-CuidadosPaliativos-vers--o-final.pdf. Acesso em: 10 abr. 2021.

GOLDZWEIG, Rafael. Por que devemos nos preocupar com a influência das redes sociais nas eleições 2018? *El país*. Opinião – Eleições 2018. 22 set. 2018. Disponível em: https://brasil.elpais.com/brasil/2018/09/21/opinion/1537557693_143615.html. Acesso em: 14 ago. 2020.

ORTEGA, F.; MÜLLER, MR. Global mental health and pharmacology: the case of Attention Deficitand Hyperactivity Disorders in Brazil. *Front Sociol*, v. 5, p. 535125, 2020. Disponível em: <https://dx.doi.org/10.3389%2Ffsoc.2020.535125>. Acesso em: 1º jan. 2020.

SLOW MEDICINE. *Conceito*. Disponível em: https//www.slowmedicine.com.br/conceito. Acesso em: 12 fev. 2021.

THE PATIENT REVOLUTION. *Mission*. Disponível em: https://patientrevolution.org/ mission. *Acesso em: 23 ago. 2021.*

Alameda nas redes sociais:
Site: www.alamedaeditorial.com.br
Facebook.com/alamedaeditorial/
Twitter.com/editoraalameda
Instagram.com/editora_alameda/

Esta obra foi impressa em São Paulo no outono de 2025. No texto foi utilizada a fonte Arno Pro em corpo 11 e entrelinha de 16 pontos.